教科書

要点

ズバっ

ニューホライズン

基本文・基本表現

2年

東京書籍

もくじ

【動作環境】

・インターネットに接続されていること。
　＊インターネット接続に伴う通信費は利用者のご負担となります。
・Android 5.1以降 ＋ Google Chrome ／ iOS9 以降 ＋ Safari ／
　iPadOS ＋ Safari
　＊「QRコード」は㈱デンソーウェーブの登録商標です。
　＊「Android」は，Google LLC. の商標です。
　＊「iOS」「iPadOS」は，Apple Inc. の商標です。

＊教科書に合わせた単元番号を入れていますが，
一部，取り扱いのない項目もあります。

★QRコードを使った音声学習について
【使い方】
・スマートフォンなどで右のQRコードを読み取ります。
・教科書と本書で取り上げている「Key Sentence」の音声を，
　各Unitの番号順に聞くことができます。
・英語の音声のみが流れます。文章は出ません。

● はじめに

　この本は，東京書籍版教科書『NEW HORIZON English Course 2』のUnit
とLet's Talk, Let's Writeに出てくる基本文・基本表現（Key Sentence）などを，
しっかり身につけるために作られているよ。要点を整理して，基本文・基本表現
を「ズバっ！」と自分のものにしてしまおう。

〉本書の基本構成〈

解説①	基本文と基本表現の解説。図解を使った解説で文の構造を理解しよう。
CHART & CHECK	まとめて覚えるべきことは，表を使ってばっちり覚えてしまおう。
重要表現	教科書の該当パートの重要表現などをチェックしよう。
Key Sentenceチェック	基本文の暗唱用例。何度も口に出して覚えてしまおう。
これが出る! 定期テスト対策	テストなどの前には，この定期テスト対策に取り組んで，自分の理解度を確認しておこう。

★暗記フィルターの使い方
　赤色で印刷された部分に，付属の暗記フィルターを
のせると，文字が見えなくなるよ。大切な部分をか
くして，効率よく学習しよう！

Read and Think

Key
Sentence

① People **were** look**ing** at the tyrannosaurus.
② **There are** many good restaurants in Fukui.

① 人々はティラノサウルスを見ていました。
② 福井にはたくさんのいいレストランがあります。

解説① **過去進行形：「…していました」という言い方**

• 過去のあるときに「…していました」と言うときは，〈be動詞の過去形（was，were）＋…ing〉の形を使う。be動詞がam , isの場合は**was**を，be動詞がareの場合は**were**を使う。

〈現在進行形〉　People <u>are</u> looking at the tyrannosaurus.

〈過去進行形〉　People | **were** | look**ing** at the tyrannosaurus.
　　　　　　　　　　　　↑areの過去形were＋動詞の…ing形

〈現在進行形〉　I <u>am</u> playing the guitar now.

〈過去進行形〉　I | **was** | play**ing** the guitar then.
　　　　　　　　　　↑amの過去形was＋動詞の…ing形

　　　　　　（私はそのときギターを演奏していました。）

解説② **「…があります」「…がいます」という言い方**

• 「…があります」「…がいます」と言うときは，〈There is ….〉か〈There are …s.〉と表す。ふつう，文末に場所や位置を表す語句を置く。isとareのあとの語が文の主語になる。

〈主語が複数〉　There | **are** | many good restaurant**s** in Fukui.
　　　　　　　　　　　　　　　　↑主語（複数）　　↑場所を表す語句

5

〈主語が単数〉 **There** | **is** | a campground near the lake.

↑主語(単数)　↑場所を表す語句

（その湖の近くにはキャンプ場があります。）

重要表現 ·························· 教科書p.4 〜 p.5

◆**arrive at ...** …に着く，到着する

arriveは「着く，到着する」という意味。「…に」は一地点の場合は at ...を用いる。広範囲の場合はin ...を用いる。

I **arrived at** the station at five o'clock. (私は5時に駅に到着しました。)

Key Sentenceチェック

★Key Sentenceの用例をたくさん覚えよう。

□1. I **was watching** TV then.
　　私はそのときテレビを見ていました。

□2. They **were practicing** soccer then.
　　彼らはそのときサッカーを練習していました。

□3. Kenta **was swimming** then.
　　ケンタはそのとき泳いでいました。

□4. My parents **were running** in the park then.
　　私の両親はそのとき公園を走っていました。

□5. **There is** a library near my house.
　　私の家の近くに図書館があります。

□6. **There are** two benches in the park.
　　その公園にはベンチが2つあります。

□7. **There is** an apple on the table.
　　テーブルの上にりんごが1つあります。

□8. **There are** some girls under that tree.
　　あの木の下に何人かの女の子たちがいます。

Unit 1 A Trip to Singapore

教科書p.7 〜 p.16

Scene 1 未来を表す〈be going to+動詞の原形〉

Key Sentence ①

① I **am going to** visit Singapore next week.
② **Are** you **going to** visit Singapore next week?
——Yes, I **am**. / No, I **am not**.

① 私は来週シンガポールを訪れるつもりです。
② あなたは来週シンガポールを訪れるつもりですか。
——はい,そのつもりです。
いいえ,そうではありません。

解説① 〈be going to＋動詞の原形〉の文:「…する予定です」
「…するつもりです」などの言い方

• 「…する予定です」「…するつもりです」などと,未来のことや予定を言うときは,〈be going to＋動詞の原形〉を使う。「動詞の原形」とはsやingなどのつかない動詞のもとの形のことをいう。be動詞は主語によってam, are, isを使い分ける。

〈現在〉I ⬚⬚⬚⬚⬚⬚⬚⬚⬚ visit Singapore.

〈未来〉I **am going to** visit Singapore next week.
        動詞の原形   未来を表す語

CHART & CHECK

未来を表す語句	意味
tomorrow	明日
tomorrow morning	明日の朝
next Sunday	今度の日曜日
next week	来週
next month	来月

解説② 〈be going to＋動詞の原形〉の疑問文：「…する予定ですか」「…するつもりですか」などの言い方

●「…する予定ですか」「…するつもりですか」とたずねるときは, be動詞を主語の前に出す。答えるときも, be動詞を使う。

You are going to visit Singapore next week.

〈疑問文〉 Are you going to visit Singapore next week?
　　　　　主語の前に

〈答え方〉 Yes, I am . / No, I am not .
　　　　　　　　　　　　　I am not＝I'm not

●〈be going to＋動詞の原形〉の否定文：「…する予定ではありません」「…するつもりではありません」などの言い方

I am not going to visit Singapore next week.
　　be動詞のあとにnot
（私は来週シンガポールを訪れる予定はありません。）

重要表現 ···教科書p.7〜p.9

◆**the "Golden Week" holidays**　ゴールデンウィーク

holidaysがないと「休日」の意味にならない。

I visited Hokkaido during **the "Golden Week" holidays**.

（私はゴールデンウィークには北海道に行きました。）

◆**abroad**　外国に［へ, で］, 海外に［へ, で］

「海外に行く」はgo abroadでgo to abroadではない点に注意。

He goes **abroad** on vacation.

（彼は休暇に海外に行きます。）

◆**around**　あちこち, めぐって

show me aroundで「私にまわりを見せる」→「私を案内する」の意味。

Can you show me **around**?

（私を案内してもらえますか。）

Key Sentenceチェック

★Key Sentenceの用例をたくさん覚えよう。

□1. I **am going to buy** a racket tomorrow.
私は明日ラケットを買うつもりです。

□2. My brother **is going to play** baseball after school.
私の弟[兄]は放課後に野球をするつもりです。

□3. We **are going to listen** to music this evening.
私たちは今晩，音楽を聞くつもりです。

□4. **Are** you **going to go** to the library next Sunday?
——Yes, I **am**.
No, I'm **not**.
あなたは今度の日曜日に図書館に行く予定ですか。
——はい，その予定です。
いいえ，その予定ではありません。

□5. **Is** your sister **going to use** this car tomorrow?
——Yes, she **is**.
No, she's **not**.
あなたのお姉さん[妹さん]は明日この車を使うつもりですか。
——はい，そのつもりです。
いいえ，そのつもりではありません。

□6. What **are** you **going to do** next Saturday?
あなたは今度の土曜日に何をする予定ですか。

□7. I'm **not going to play** the piano after lunch.
私は昼食後にピアノをひくつもりはありません。

□8. He's **not going to call** Alex this evening.
彼は今晩アレックスに電話をするつもりはありません。

Scene 2 助動詞will

Key Sentence 2

③　I **will** make a reservation.

③　私が予約をしましょう。

解説③ 〈will＋動詞の原形〉：「…するつもりです」という言い方

- 未来のことについて「…するつもりです」「…します」(意志未来)と言うときは，〈will＋動詞の原形〉を使う。

〈現在〉I ☐ make a reservation.（私は予約をします。）

　↓　動詞の前にwillを入れる

〈未来〉I **will** **make** a reservation.

　　〈will＋動詞の原形〉
　　＊I willはI'llと短縮形で表すことができる。

● 〈will＋動詞の原形〉：「…でしょう」「…だろう」という言い方

willには「…でしょう」「…だろう」と単純未来を表す意味もある。

● 主語が三人称単数のとき

主語が三人称単数のときでもwillのあとの動詞は原形にする。

〈現在〉Ken plays tennis every Sunday.

　↓　動詞の前にwillを入れる（ケンは毎週日曜日にテニスをします。）

〈未来〉Ken **will play** tennis next Sunday.

　　〈will＋動詞の原形〉

　　（ケンは今度の日曜日にテニスをするでしょう。）

● willを使った文の疑問文と答え方

He will visit Tokyo next week.

主語の前に ┐
　　　　　　（彼は来週東京を訪れるでしょう。）

〈疑問文〉**Will** **he** visit Tokyo next week?

　　　　　（彼は来週東京を訪れるでしょうか。）

〈答え方〉 Yes, he will . / No, he will not .

will を使って答える

（はい，訪れるでしょう。／いいえ，訪れないでしょう。）

●willを使った文の否定文

I will not go to the park tomorrow morning.

willのあとにnot

（私は明日の朝，公園には行きません。）

●willとbe going to

will と be going to は，どちらも未来を表すときに使う。

I will study English this afternoon.

（私は今日の午後，英語を勉強します。）

I am going to finish my homework today.

（私は今日，宿題を終えるつもりです。）

＊I will .... や We will ....は，今これからやろうとしている「意志」を表し，I am going to .... や We are going to ....は「前々から心づもりや予定していたこと」を表す。

重要表現 ••• 教科書p.10〜p.11

◆**far from ...** …から遠い，…から離れて

距離がとても離れているときに用いる表現。

The library is **far from** my house.

（図書館は私の家から離れています。）

◆**make a reservation** 予約をする

a reservation「予約」を「する」ときはmakeを伴う。

He **made a reservation** for the hotel.

（彼はそのホテルの予約をしました。）

Key Sentenceチェック

★Key Sentenceの用例をたくさん覚えよう。

☐1. I **will give** this picture to you.
　　　私はあなたにこの写真をあげます。

☐2. Ken **will study** math after dinner.
　　　ケンは夕食後，数学の勉強をするでしょう。

☐3. My father **will leave** Japan tomorrow.
　　　私の父は明日，日本を出発するでしょう。

☐4. We **will visit** Canada next month.
　　　私たちは来月カナダを訪れます。

☐5. **Will** you **go** to school tomorrow?
　　　——Yes, I **will**. / No, I **will not**.
　　　あなたは明日，学校へ行きますか。
　　　——はい，行きます。/ いいえ，行きません。

☐6. **Will** Alex **work** next Sunday?
　　　——Yes, he **will**. / No, he **will not**.
　　　アレックスは今度の日曜日に仕事をするでしょうか。
　　　——はい，するでしょう。/ いいえ，しないでしょう。

☐7. We **will not come** here tomorrow.
　　　私たちは明日ここに来ません。

☐8. Saki **will not stay** in Boston next month.
　　　サキは来月ボストンに滞在しないでしょう。

Read and Think 1 　show, give, buy, teachなど＋(人)＋(もの)

Key Sentence 3

④ I will **show** you the Merlion.

④ 私はあなたにマーライオンを見せましょう。

解説④ 〈show＋(人)＋(もの)〉の文：「(人)に(もの)を見せる」という言い方

• 〈show＋(人)＋(もの)〉で「(人)に(もの)を見せる」という意味を表す。この形の文の「(人)に」「(もの)を」にあたる語は，どちらも目的語である。

「…を見せる」 　　　I will **show** 　　the Merlion.
　　　　　　　　　　　　　　　　　　(もの)「マーライオンを」

「〜に…を見せる」 　　I will **show** you the Merlion.
　　　　　　　　　　　　　　　(人)「あなたに」 └(もの)「マーライオンを」

● 「(人)に何を見せましたか」などという言い方

〈show＋(人)＋(もの)〉の「もの」をたずねる場合はwhatを使う。

〈ふつうの疑問文〉　　 Did you show them your notebook?

(あなたは彼らにあなたのノートを見せましたか。)

〈疑問詞のある疑問文〉　 What did you show them?
　　　　　　　　　　　「何を」
(あなたは彼らに何を見せましたか。)

——I showed them my notebook.
(——私は彼らに私のノートを見せました。)

〈否定文〉　　 I didn't show them my notebook.

(私は彼らに私のノートを見せませんでした。)

●〈動詞＋（人）＋（もの）〉の語順で使える動詞

あとに〈（人）＋（もの）〉の語順で目的語を2つとる動詞には，ほかに，buy, give, make, teachなどがある。

CHART & CHECK

「動詞＋（人）＋（もの）」	意味
show＋（人）＋（もの）	「（人）に（もの）を見せる」
buy＋（人）＋（もの）	「（人）に（もの）を買う」
give＋（人）＋（もの）	「（人）に（もの）を与える」
make＋（人）＋（もの）	「（人）に（もの）を作る」
teach＋（人）＋（もの）	「（人）に（もの）を教える」

I bought him some pens.
　　　「…に」　「～を」
（私は彼にペンを数本買いました。）

重要表現 ・・・・・・・・・・・・・・・・・・・・・・・・・・・・・・・・・・・・・・・教科書p.12～p.13

◆**tall**　〈be動詞＋数量＋**tall**〉で，「高さ」を表す。

Jim is 1.4 meters **tall**.（ジムは身長1.4メートルです。）

◆**weigh**　〈**weigh**＋数量〉で，「重さ」を表す。

This car weighs one ton.

（この自動車の重さは1トンです。）

◆**Ferris wheel**　観覧車

現在の機械式の観覧車の発明者Ferris（フェリス）の名前から，Ferris wheelという名称となった。

We are going to ride **the Ferris wheel**.

（私たちはその観覧車に乗る予定です。）

Key Sentenceチェック

★Key Sentenceの用例をたくさん覚えよう。

☐1. **Show us** your picture, please.
私たちにあなたの写真を見せてください。

☐2. Did Aya **show you** her notebook?
アヤはあなたに自分のノートを見せましたか。

☐3. He didn't **show me** his new racket.
彼は私に新しいラケットを見せてくれませんでした。

☐4. I'm going to **buy him** a cup.
私は彼にカップを買うつもりです。

☐5. We **bought Ken** a book.
私たちはケンに本を買いました。

☐6. Did you **buy your mother** a bag?
——Yes, I **did**.
No, I **didn't**.
あなたはお母さんにかばんを買いましたか。
——はい,買いました。
いいえ,買いませんでした。

☐7. I **gave my friend** a pen.
私は友達にペンをあげました。

☐8. Did your father **give you** the clock?
あなたのお父さんはあなたにその時計をくれましたか。

☐9. What did Ichiro **give Becky**?
——He **gave her** some comic books.
イチロウはベッキーに何をあげましたか。
——彼は彼女に数冊のマンガ本をあげました。

Read and Think 2　call+A+B

Key Sentence 4

⑤ People **call** it the Singapore Flyer.

---

⑤ 人々はそれをシンガポールフライヤーと呼びます。

解説⑤ 〈call＋A＋B〉：「AをBと呼ぶ」という言い方

- 「AをBと呼ぶ」と言うときは，〈call＋A＋B〉を使う。Aには「人・もの」，Bには「名前」が入る。

People **call** it the Singapore Flyer.
　　　　　「…を」　　「〜と」
　　　　　＊it＝the Singapore Flyerという関係になる。

They **call** me Hiro.　（彼らは私をヒロと呼びます。）
　　　　　「…を」「〜と」
　　　　　＊me＝Hiroという関係になる。

●「…を何と呼びますか」などという言い方

〈call＋A＋B〉の「B（名前）」をたずねる場合はwhatを使う。howを使わないことに注意する。

〈ふつうの疑問文〉　　　**Do** you call the boy Kazu?
　　　　　　　　　　　　　　└──＝──┘
（あなたはその男の子をカズと呼びますか。）

〈疑問詞のある疑問文〉　**What** do you call the boy?
　　　　　　　　　└──＝──┘ ＊the boy＝what
（あなたはその男の子を何と呼びますか。）

〈否定文〉　　　　　　　I **don't** call the boy Kazu.
（私はその男の子をカズと呼びません。）

重要表現 ••••••••••••••••••••••••••••••• 教科書p.14〜p.15

◆**It took us up to 165 meters.**　165メートルの高さまで登りました。

It took us up「それは私たちを上へ持っていった」は，つまり観覧車が上がっていったことを示している。

後半のto 165 metersで「165メートルの高さまで」という意味でありtoはgo to school（「学校に行く」）同様，動作の行先を示している。

The plane **took us up to** 10,000 meters.

（その飛行機は1万メートルの高さまで上昇しました。）

◆**communicate with ...**　…と意思の疎通をする

communicate withに「相手」を続けることでその相手と意思の疎通をする（コミュニケーションをとる）という表現となる。

He **communicates with** his friends in Japanese.

（彼は友人たちと日本語でコミュニケーションをとります。）

◆**overseas**　海外の

今回はoverseas trip「海外旅行」のように形容詞として使う。

Key Sentenceチェック

★Key Sentenceの用例をたくさん覚えよう。

□1. I **call my dog** Pochi.

私は私のイヌをポチと呼びます。

□2. We **call her** Judy.

私たちは彼女をジュディと呼びます。

□3. Ken **calls me** Mari.

ケンは私をマリと呼びます。

□4. They **called the boy** Jun.

彼らはその男の子をジュンと呼びました。

□5. Do you **call your sister** Aki?

——Yes, I **do**.

No, I **don't**.

あなたはあなたの妹[姉]をアキと呼びますか。

——はい，呼びます。

いいえ，呼びません。

□6. My friend doesn't **call the cat** Tama.

私の友達はそのネコをタマと呼びません。

□7. **What** do you **call your brother**?

——I **call him** Hide.

あなたはあなたの弟[兄]を何と呼びますか。

——私は彼をヒデと呼びます。

□8. **Who called the dog** Shiro?

——Saki's grandfather did.

だれがそのイヌをシロと呼びましたか。

——サキのおじいさんが呼びました。

これが出る！ **定期テスト対策**

❶ 日本文に合うように，（　　）内から適する語句を選ぼう。

(1) 私は今日昼食を作るつもりです。

I am (go, (going)) to make lunch today.

(2) 私たちは教室をそうじするつもりです。

We ((will,) can) clean the classroom.

(3) ユキは私にすばらしい写真を見せてくれました。

Yuki showed ((me a great picture,) a great picture me) .

(4) 彼はその犬をタロウと呼びます。

He calls (Taro the dog, (the dog Taro)) .

❷ 次の英文を〔　　〕内の指示に従って書きかえよう。

(1) Ken plays baseball. 〔next Sunday.を加えて〕

→Ken is (**going**) (**to**) play baseball next Sunday.

(2) Josh is going to visit Japan during his holidays.

〔疑問文にして，Yesで答える〕

→ (**Is**) Josh (**going**) to visit Japan during his holidays?

――Yes, (**he**) (**is**).

(3) My sister is going to study abroad. 〔ほぼ同じ意味の文に〕

→My sister (**will**) (**study**) abroad.

(4) Asami showed the picture.

〔「私たちにその写真を見せました」という文に〕

→Asami showed (**us**) the picture.

(5) His father calls him Ichiro. 〔下線部が答えの中心となる疑問文に〕

→ (**What**) (**does**) his father call him?

→**次ページに続きます。**

❸ 日本文に合うように，（　　）内の語句を並べかえよう。

(1) 私はその本を読まないつもりです。

I (the book / not / am / going / read / to) .

I **am not going to read the book** .

(2) あなたは彼にその写真を見せますか。

(the picture / show / you / him / do) ?

Do you show him the picture ?

(3) 私をケンと呼んでください。

(me / Ken / call) , please.

Call me Ken , please.

❹ 英文の意味を表す日本語を完成させよう。

(1) He'll play basketball next week.

彼は来週(バスケットボールをするつもりです[するでしょう])。

(2) He gave Mika some Singapore food.

彼はミカに(いくらかのシンガポールの食べ物をくれました)。

❺ 日本語の意味を表す英文を書こう。

(1) あなたは放課後に何をするつもりですか。

What are you going to [will you] do after school?

(2) 私の父は私にカップを買ってくれました。

My father bought me a cup.

(3) その絵を私に見せてください。

Show me the picture, please.

ホテルでのトラブル
─苦情を言う・謝る─

教科書p.17

Today's Point 1

① **I have a problem with** my room.
The air conditioner **doesn't work**.
──**I apologize for** the trouble.

① 私の部屋に問題があります。
エアコンが故障しています。
──問題をおわびいたします。

解説① ▶ **ホテルでのトラブルに関する表現**

● 何か問題があるときには，〈**I have a problem with ...**〉で「…
に問題がある」という表現を用いる。
そしてそれに対するおわびには，I apologize for ...で「…をおわ
びします」と言う。

重要表現 ……………………………………………………教科書p.17

◆**... don't[doesn't] work.** …が故障しています。
workには「動く，動作する」という意味があり，今回は前にdon't
[doesn't]を置くことで「動作しない」=「故障している」を示して
いる。

Does the computer **work**? (そのコンピュータは動きますか。)

── No, it **doesn't (work)**.(いいえ，それは故障しています。)

◆**right away** すぐに，ただちに
「いますぐに」ということを表す。
I'll go **right away**.(すぐいきます。)

◆**next door**　隣の部屋［家］の［に］

next doorで「隣のドア」＝「隣の部屋［家］」を示す。

They live **next door** to us.（彼らは私たちの隣に住んでいます。）

◆**... is[are] too noisy**　…がとてもうるさいです。

noisyは「（音が）うるさい」という意味の単語。今回はtooを伴うことで「とてもうるさい」を表す。

◆**Excuse me. Can you help me?**　すみません。手伝ってもらえますか。

人に声をかける表現としてExcuse meを使う。そしてそのあとに依頼する表現としてCan you ...?「…してもらえますか」が続く。

Excuse me. Can you help us?

（すみません。私たちを手伝ってもらえますか。）

◆**Could you ...?**　…してくださいませんか。

Can you ...? でも「…してくれますか。」という意味だが，Could you ...?はさらにていねいなたのみ方となる。

Could you give me a cup of tea?

（1杯の紅茶を私にくださいませんか。）

◆**take care of ...**　…に対応する，…をだいじにする

take care of ... は「…に対応する」のほか，「…をだいじにする」や「…の世話をする」の意味になる。

I can **take care of** the problem.

（私はその問題に対応できます。）

Please **take care of yourself**.（どうぞおだいじに。）

これが出る! 定期テスト対策

❶ 日本文に合うように，（　）内から適する語を選ぼう。

(1) シャワーが故障しています。

The shower doesn't ((work,) come).

(2) あなたはお客様ですか。

Are you a (clerk, (guest))?

(3) テレビに問題があります。

I have a (question, (problem)) with the TV.

(4) 私たちはすぐに出発するつもりです。

We'll leave ((right,) left) away.

(5) それを調べていただけますか。

Can you ((check,) look) it?

(6) 彼はその問題をおわびしました。

He (said, (apologized)) for the trouble.

❷ 次の英文を〔　〕内の指示に従って書きかえよう。

(1) He has a problem with his room. 〔否定文にする〕

→He (**doesn't**) (**have**) a problem with his room.

(2) The TV works. 〔疑問文にして，Yesで答える〕

→(**Does**) the TV work? —Yes, (**it**) (**does**).

(3) John apologized for the trouble. 〔否定文にする〕

→John (**didn't**) (**apologize**) for the trouble.

(4) There is a towel. 〔下線部をtwo towelsにかえて〕

→ (**There**) (**are**) two towels.

→次ページに続きます。

❸ 日本文に合うように( )内の語句を並べかえよう。

(1) 私たちはすぐにそれを確認します。

We'll (away / it / check / right).

We'll <u>check it right away</u> .

(2) 私の電話に問題があります。

I (my phone / have / with / a problem).

I <u>have a problem with my phone</u> .

(3) ご不便をおかけしたことをおわびいたします。

I (for / apologize / the inconvenience).

I <u>apologize for the inconvenience</u> .

❹ 英文の意味を表す日本語を完成させよう。

(1) I can take care of your problem.

私はあなたの問題に(対応できます)。

(2) Could you show me the picture?

その写真を見せて(いただけますか)。

❺ 日本語の意味を表す英文を書こう。

(1) テレビは故障しています。

<u>The TV doesn't work.</u>

(2) 私がすぐにその問題に対応します。

<u>I'll [I will] take care of the problem right away.</u>

(3) 隣の部屋の人たちは親切だ。

<u>The people next door are kind.</u>

Unit 2　Food Travels around the World 教科書p.21〜p.30

Scene 1　接続詞when

Key Sentence 5

⑥ **When** I watch TV, I see many interesting dishes.
(I see many interesting dishes **when** I watch TV.)

⑥ 私はテレビを見るとき，たくさんの興味深い料理を見ます。

解説⑥ when ... :「…(の)ときに」という言い方

・「…(の)ときに」「…(する)ときに」と言うときは，**when**を使う。whenは，文と文を結びつける働きをする。

I watch TV. + I see many interesting dishes.

↓1文にする

When I watch TV, I see many interesting dishes.
〈When＋文〉　└コンマが必要　〈文〉

when ... をもう一方の文のうしろに置くこともできる。このときは，2つの文の間にコンマは必要ない。

I see many interesting dishes **when** I watch TV.
└コンマは必要ない

●未来のことを表すときもwhen ...の動詞は現在形

when ...の部分では，未来のことを言うときでも，動詞は現在形にする。

I'll call you **when** we **get** home.
　　　　　　　　　　現在形

When we **get** home, I'll call you.
　　　　現在形

(私たちが家に着いたら，あなたに電話します。)

◆**... kind(s) of ～** …種類の～

複数の種類がある時や，物事を種類別に述べたいときに使う。

There are two **kinds of** tennis in Japan.

（日本には2種類のテニスがある。）

◆**hear of ...** …について聞く（聞いたことがある）

hear ofは続く内容に関してその存在があることを聞いている，という意味になる（ふつう疑問文・否定文で用いる）。

I never **heard of** dinosaurs.

（恐竜のことを一度も聞いたことがありません。）

Key Sentenceチェック

★Key Sentenceの用例をたくさん覚えよう。

□1. **When** I **visited** Ken, he was studying.
私がケンを訪ねたとき，彼は勉強していました。

□2. **When** my father **was** a child, he lived in Canada.
私の父は子供だったとき，カナダに住んでいました。

□3. **When** I **got** up, it was sunny.
私が起きたとき，晴れていました。

□4. We will help you **when** you **are** tired.
あなたが疲れているときは，私たちがあなたを手伝います。

□5. You need an umbrella **when** it **snows**.
雪が降るときは，あなたには傘が必要です。

□6. I will show him the picture **when** he **comes** here.
彼がここに来たとき，私は彼にその写真を見せるつもりです。

Scene 2　接続詞if

Key Sentence 6

⑦　**If** you have time, we can go.
(We can go **if** you have time.)

⑦　もし時間があれば私たちは行くことができます。

解説⑦ ▷ if ... : 「(もし)…ならば」という言い方

• 「(もし)…ならば」と言うときは，**if** を使う。if は，文と文を結びつける働きをする。

you have time. + we can go.

↓1文にする

If you have time, we can go.
〈if＋文〉　　↑　　〈文〉
　　　コンマが必要

if ...をもう一方の文のうしろに置くこともできる。このときは，2つの文の間にコンマは必要ない。

We can go **if** you have time.
　　　└──コンマは必要ない

●**未来のことを表すときもif ...の動詞は現在形**

if ...の部分では，未来のことを言うときでも，動詞は現在形にする。

If it **snows** tomorrow, I will be at home.
　　　現在形

I will be at home if it **snows** tomorrow.
　　　　　　　　　現在形

(もし明日雪が降ったら，私は家にいます。)

◆**sometime**　いつか，そのうち

未来の「いつか」を表すときに用いる副詞。

Please come and see me **sometime** next year.

（来年，いつか会いに来てください。）

【注意】sometimesは「ときどき」という意味の副詞。

◆**you know**　ねえ，…でしょう

話の間をつなぐ表現。you knowのそれぞれの単語の意味が示すように「あなたも知ってのように」という意味合いがある。

You know, he is a kind boy.（ほら，彼は優しい少年でしょう。）

◆**Sounds ....**　…そうですね。

このsoundは動詞で「…に聞こえる，思える」という意味で，後ろに形容詞がくる。

Sounds good.（よさそうに聞こえる。→いいね。）

◆**be interested in ...**　…に関心がある

「...」以下に興味や関心がある時に用いる表現。

「...」には名詞，もしくは動名詞が入る。

John **is interested in** learning Chinese.

（ジョンは中国語を学ぶことに関心があります。）

◆**half right**　半分は正しい

相手の推測，もしくは答えがある程度的を射ているときに用いる表現。

Your answer is **half right**.

（あなたの答えは半分当たっています。）

> Sounds good. などの〈sounds＋形容詞〉のパターンは，日常会話でよく使われるよ。

Key Sentenceチェック

★Key Sentenceの用例をたくさん覚えよう。

☐1. **If** you **are** busy, I will help you.

もしあなたが忙しいなら，私はあなたを手伝います。

☐2. **If** Ken **sees** this picture, he will be happy.

もしケンがこの写真を見れば，彼は喜ぶでしょう。

☐3. I want to talk with Judy **if** she **comes** here.

もしジュディがここに来るなら，私は彼女と話したいです。

☐4. Let's study English **if** you **have** time.

もしあなたに時間があるなら，英語の勉強をしましょう。

☐5. **If** it **is** hot tomorrow, we will swim.

もし明日暑いなら，私たちは泳ぎます。

☐6. **If** you **are** hungry, I will make lunch.

もしあなたが空腹なら，私が昼食を作ります。

☐7. Please visit me **if** you **are** free.

もしひまなら，私を訪ねてください。

☐8. Go to the park **if** you **want** to play soccer.

もしあなたがサッカーをしたいなら，公園へ行きなさい。

☐9. What will you do next Sunday **if** it **is** sunny?

もし晴れなら，今度の日曜日にあなたたちは何をしますか。

☐10. I will not listen to music with him **if** he **has** a lot of homework.

もし彼に宿題がたくさんあるのなら，私は彼といっしょに音楽を聞きません。

Key
Sentence
7

⑧ I **think** (**that**) curry came to Japan from India.

⑧ 私はカレーはインドから日本に来たと思います。

解説⑧ **think** (**that**) ... :「…と思う」という言い方

• 「…と思います」と言うときは，**think that** ...を使う。このthat
は「…ということ」という意味を表し，省略することができる。
think thatのあとには，〈主語＋動詞 ...〉が続く。

　I |**think that**| baseball is interesting.
　　　　　　　〈文〉
＝I |**think**|　　　 baseball is interesting.
　　　　　└thatを省略することができる

　（私は，野球はおもしろいと思います。）

● 〈**that**＋主語＋動詞 ...〉を続けることができる動詞

ほかにhope(…を望む，希望する，願う)，know(…を知っている，
わかる)なども〈that＋主語＋動詞 ...〉を続けることができる。

CHART
&
CHECK

〈動詞＋ that ...〉	意味
hope＋**that** ...	「…ということを望む」 「…ということを希望する」 「…ということを願う」
know＋**that** ...	「…ということを知っている」 「…ということがわかる」

I **think that** he will be a good teacher.
（私は，彼はよい先生になると思います。）
＊「…ということ」を意味するthatは省略できる。

●don't think that ...の文

I don't think that ....の文は，直訳すると「私は…とは思いません」だが，「私は…ではないと思います」と訳したほうが，日本語として違和感が少ないことが多い。このthatももちろん省略できる。

I don't think that John can swim.

（私はジョンは泳げないと思います。）

重要表現 ……………………………………… 教科書p.26 〜 p.27

◆**come from ...**　…の出身である，…から来ている

構成する単語の意味としては「…から来ている」であり，人であれば「出身」それ以外であれば本文のように「由来の」という意味になる。

Japanese Kanji **came from** China.

（日本の漢字は中国由来です。）

◆**for sale**　販売用に，売り物の

ある物が販売されていることを示す。

Is this book **for sale**? （この本は販売用ですか。）

◆**... piece(s) of 〜**　…つ[個，本，枚]の〜

pieceは「かたまり」を示す物を数える時の単位。今回はbig pieces of potatoesで「大きなかたまりのジャガイモ」→「大きく切ったジャガイモ」を表している。

We have two **pieces of** bread.

（私たちは2切れのパンを持っています。）

◆**thick**　濃い，どろどろした

thickには「厚い」という意味もあるが，液体が濃厚である，すなわちどろどろした状態であることも表す。そこで今回はcurry

がthickということで「カレーがどろどろする」という意味となる。
反対の意味の「さらさらした」はthinである。

This juice is **thick**. (このジュースは濃いです。)

Key Sentenceチェック

★Key Sentenceの用例をたくさん覚えよう。

□1. I **think that** Saki is very kind.
　　　私は，サキはとても親切だと思います。

□2. Ken **thinks that** you are right.
　　　ケンはあなたが正しいと思っています。

□3. I **hope that** Becky will come to Japan.
　　　私はベッキーが日本に来ることを望んでいます。

□4. Aya **hopes that** you will help her.
　　　アヤはあなたが彼女を手伝ってくれることを望んでいます。

□5. I **think** he is a good baseball player.
　　　私は，彼はよい野球選手だと思います。

□6. Do you **think** Alex likes Becky?
　　　あなたはアレックスがベッキーのことを好きだと思いますか。

□7. Does Kumi **know** he is Emi's brother?
　　　クミは彼がエミの兄［弟］だということを知っていますか。

□8. I don't **think** my father will buy the car.
　　　私は父はその車を買わないと思います。

□9. They don't **know that** you live near the school.
　　　彼らはあなたが学校の近くに住んでいることを知りません。

Read and Think 2　接続詞because

Key Sentence 8

⑨ I do not eat sushi **because** I do not like raw fish.
(**Because** I do not like raw fish, I do not eat sushi.)

⑨ 私は生魚が好きではないので，すしを食べません。

解説⑨ ▶ because ... :「(なぜなら)…だから」という言い方

• 「(なぜなら)…だから」と言うときは，becauseを使う。

becauseは，文と文を結びつける働きをする。

I opened the window. + It was hot.

↓1文にする

I opened the window │because│ it was hot.
〈because＋文〉

（暑かったので，私は窓を開けました。）

because ...は，もう一方の文の前に置くこともできる。

この形のときは，2つの文の間にコンマが必要である。

│Because│ it was hot, I opened the window.
コンマが必要 ⌐

●**Why ...? に対して答えるときのBecause ....**

becauseは，Why ...?(なぜ…)に対して，「(なぜなら)…だから」
と答えるときにも使う。

Why do you study English?
(あなたはなぜ英語を勉強するのですか。)

── │Because│ I want to live in the U.K.
(イギリスに住みたいからです。)

「…するために」と目的を答えるときには，〈to＋動詞の原形 ...〉
の形を使うこともできる。

Why do you study English?
——**To live** in the U.K.（イギリスに住むためです。）

重要表現 ・・教科書p.28〜p.29

◆**one blend of ...**　…が融合したもの

blendは「混ぜたもの」という意味があり，one blend of ...で「…を混ぜたものの1つ」→「…が融合したもの」という意味となる。

Spaghetti *Napolitan* is one blend of different food cultures.
（スパゲティナポリタンは，異なる食文化が融合したものです。）

◆**name ... after 〜**　〜にちなんで…と名付ける

ある名前に由来がある時に使う表現。afterは「〜の後に」の意味ではないので注意。

They **named** the baby Alex **after** his uncle.
（彼らはその赤ん坊を彼の叔父にちなんでアレックスと名付けた。）

◆**California rolls**　カリフォルニアロール

アメリカで親しまれている巻きずし。

I love **California rolls**.
（私はカリフォルニアロールが大好きです。）

◆**raw fish**　生の魚

火を通して調理していない魚のこと。

Jonny doesn't like **raw fish**.
（ジョニーは生の魚が好きではありません。）

◆**seaweed**　海苔（のり）

直訳すると「海藻」であるが，ここでは「海苔」の意味。

We wrap sushi in **seaweed**.（私たちはすしを海苔で包む。）

◆**interesting**　おもしろい（関心を持たせる）

「…に興味がある」は interested in …だが，「…はおもしろい」は
… is interesting と表す。

The movie is very **interesting**.

（その映画はとてもおもしろい。）

Key Sentenceチェック

★Key Sentenceの用例をたくさん覚えよう。

□1.　I won't watch TV tonight **because** I have a lot of homework.
　　　宿題がたくさんあるので，私は今夜テレビを見ません。

□2.　We were very tired **because** we walked for three hours.
　　　私たちは3時間歩いたので，とても疲れていました。

□3.　**Because** my father works in Canada, I can't see him now.
　　　私の父はカナダで仕事をしているので，私は今，彼に会えません。

□4.　Kumi went to the library **because** she wanted to read
　　　books.
　　　クミは本を読みたかったので，図書館へ行きました。

□5.　Use my umbrella **because** it is rainy.
　　　雨なので，私の傘を使いなさい。

□6.　**Because** they were hungry, they went to the restaurant.
　　　彼らは空腹だったので，そのレストランへ行きました。

□7.　Why did you visit Mike yesterday?
　　　——**Because** we wanted to do our homework with him.
　　　あなたたちはなぜ昨日マイクを訪ねたのですか。
　　　——私たちは彼といっしょに宿題をしたかったからです。

① 日本文に合うように, ( )内から適する語を選ぼう。

(1) もしあなたがペンが必要ならば, 私があなたに1本あげます。

((If,) When) you need a pen, I will give one to you.

(2) 私は部屋をそうじしたいので, あなたとテニスをすることができません。

I can't play tennis with you (if, (because)) I want to clean the room.

(3) 私は彼はベッキーの弟だと思います。

I think ((that,) when) he is Becky's brother.

② 日本文に合うように, ( )内に適する語を書こう。

(1) 私が12歳のときに, 父が私にこの自転車を買ってくれました。

My father bought me this bike (**when**) I was twelve.

(2) 彼は2つのチーズを持っています。

He has (**two**) (**pieces**) of cheese.

(3) 彼女は空腹だったので, 昼食を作りました。

(**Because**) she was hungry, she made lunch.

(4) もし雨だったら, バスを使いなさい。

(**Take** [**Use**]) the bus (**if**) it is rainy.

(5) 彼は半分正しい。

He is (**half**) (**right**).

❸ 日本文に合うように（　　）内の語句を並べかえよう。

(1) 私が公園へ行ったとき，彼らは走っていました。

(to / I / the park / when / went), they were running.

　<u>When I went to the park</u>　, they were running.

(2) もし疲れているならば，早く寝なさい。

Go to bed early (tired / you / if / are).

Go to bed early　<u>if you are tired</u>　.

❹ 英文の意味を表す日本語を完成させよう。

(1) We think he will come to the party.

私たちは彼が(パーティーに来ると思います)。

(2) If he visits Okinawa, he will take good pictures.

(もし彼が沖縄を訪れるならば)，彼はよい写真を撮るでしょう。

(3) Why do you go to the river? ——Because I want to swim.

あなたはなぜ川へ行くのですか。

——(なぜなら私は泳ぎたいから)です。

❺ （　　）内の語を使って，日本語の意味を表す英文を書こう。

(1) 私は学生だったとき，英語を熱心に勉強しました。(when)

When I was a student, I studied English hard. /
I studied English hard when I was a student.

(2) 私は彼がこの本を読むことを望んでいます。(that)

I hope that he will read this book.

Today's Point 2

② **May I** ask you a favor? —— Sure.

③ **Could you** take our picture? —— All right. / OK.

② 1つお願いしてもよろしいですか。――もちろん。

③ 私たちの写真を撮ってくださいませんか。――いいですよ。

解説2 **May I ...? : 「…してもよろしいですか」という言い方**

• 「…してもよろしいですか」と許可を求めるときは，**May I ...?**を使う。

May I ask you a favor?
　　　動詞の原形

〈許可するとき〉　Sure.（もちろん。）

　　　　　　　　No problem.（いいですよ。もちろん。）

　　　　　　　　OK.（いいですよ。）

　　　　　　　　All right.（よろしい。わかった。）

〈許可しないとき〉 I'm sorry. I'm busy now.

　　　　　　　　（ごめんなさい。今忙しいので。）

　　　　　　　　I'm sorry. I'm not free now.

　　　　　　　　（すみません。私は今時間がありません。）

● **Can I ...?とMay I ...?**

Can I ...?も許可を求める表現だが，May I ...?のほうがていねい
な言い方である。

Can I open the window?（窓をあけてもよいですか。）
　　　動詞の原形

May I open the window?（窓をあけてもよろしいですか。）
　　　動詞の原形

解説③ ▷ Could you ...? :「…してくださいませんか」という言い方

●「…してくださいませんか」と依頼するときは，**Could you ...?** を使う。

Could you take our picture?
　　　　　動詞の原形
〈引き受けるとき〉　Sure. (もちろん。)

　　　　　　　　　　No problem. (いいですよ。もちろん。)

　　　　　　　　　　OK. (いいですよ。)

　　　　　　　　　　All right. (よろしい。わかった。)

〈引き受けないとき〉 I'm sorry. I have a headache now.

　　　　　　　　　　(すみません。私は今頭が痛いのです。)

●**Can you ...? とCould you ...?**

Can you ...?も依頼を表す表現だが，Could you ...?のほうがて
いねいな言い方である。

Can you show me your picture?
　　　　　動詞の原形
(私にあなたの写真を見せてくれますか。)

Could you show me your picture?
　　　　　　動詞の原形
(私にあなたの写真を見せてくださいませんか。)

◆**ask ... a favor** …にお願いする

このときのaskは「…にたのむ」，favorは「親切な行為」という意味。
ask ... a favorの「...」のところには「人」を指す語がくる。

◆**Sure. / No problem. / OK. / All right.** いいですよ。

肯定の気持ちを表すときに使う表現。今回は依頼に対し了承する
ときに用いている。

◆**I'm sorry, but ...** ごめんなさい，だけど…。

否定の気持ちを表すときに使う表現。今回は依頼を拒否するとき
に用いている。but ...の「...」以下で拒否の理由を述べる。
I'm sorry, but I have much homework.
（ごめんなさい，だけど私にはたくさんの宿題があります。）

◆**Say cheese!** はい，チーズ！

◆**call back** 折り返し電話をする

「（人に）あとで電話をする」「折り返し電話をする」ときに使う表現
で，このときのcallは「電話をかける」という意味。
I'm sorry, but he's out.
（すみませんが，彼は外出しています。）
——All right. I'll **call back** later.
（わかりました。あとでかけ直します。）

これが出る！ 定期テスト対策

① 日本文に合うように，（　）内から適する語を選ぼう。

(1) あなたの本を読んでもよろしいですか。

（(May)，Will）I read your book?

(2) ここにあなたの名前を書いてくださいませんか。

——いいですよ。

(May, (Could)) you write your name here?

——(Yes, (No)) problem.

② 日本文に合うように，（　）内に適する語を書こう。

(1) 音楽を聞いてもよろしいですか。

——いいですよ。

(**May**)(**I**) listen to music?

——No (**problem**).

(2) 駅で彼らを待ってくださいませんか。

——わかりました。

(**Could**)(**you**) wait for them at the station?

——All (**right**).

(3) あなたのノートを彼女に見せてもよいですか。

(**May**)(**I**) show her your notebook?

(4) 公園をそうじしてくださいませんか。

——すみません，私は宿題がたくさんあります。

(**Could**)(**you**) clean the park?

——(**I'm**)(**sorry**). I have a lot of homework.

→次ページに続きます。

❸ 日本文に合うように，（　　）内の語を並べかえよう。

(1) あなたに１つお願いしてもよろしいですか。

May I (favor / you / ask / a)?

May I <u>ask you a favor</u>?

(2) 私に英語を教えてくださいませんか。

(you / could / me / teach) English?

<u>Could you teach me</u> English?

(3) 公園で野球をしてもよろしいですか。

(play / I / baseball / May) in the park?

<u>May I play baseball</u> in the park?

❹ 英文の意味を表す日本語を完成させよう。

(1) Could you make lunch for me, please?

私に昼食を(作ってくださいませんか)。

(2) May I watch TV now?

——OK.

今テレビを(見てもよろしいですか)。

——(いいですよ)。

❺ 日本語の意味を表す英文を書こう。

(1) あのテーブルを使ってもよろしいですか。

<u>May [Can] I use that table?</u>

(2) 放課後私に電話をしてくださいませんか。

<u>Could you call me after school?</u>

Unit 3 My Future Job

教科書p.35 ～ p.44

Scene 1 不定詞（副詞的用法）

Key Sentence 9

⑩ We use computers **to do** many things.

⑩ 私たちはたくさんのことをするためにコンピュータを使います。

解説⑩ 〈to＋動詞の原形〉の文：「…するために」という言い方

● 「…するために」と行動の目的を表すときは，〈to＋動詞の原形〉を使う（副詞的用法）。

「コンピュータを使います。」　We use computers.

目的を加える

「たくさんのことをするためにコンピュータを使います。」　We use computers to do many things.
〈to＋動詞の原形〉

● **主語が何であっても〈to＋動詞の原形〉の形はかわらない。過去の文でも〈to＋動詞の原形〉の形はかわらない**

Aya goes to the library to read a book.
三人称単数　　　　　　　〈to＋動詞の原形〉
（アヤは本を読むために図書館へ行きます。）

Ken and I bought rackets to play tennis.
複数　　過去　　　　　　〈to＋動詞の原形〉
（ケンと私はテニスをするためにラケットを買いました。）

●疑問文・否定文でも〈to＋動詞の原形〉の形はかわらない

〈疑問文〉Did he come here to talk with Emi?

（彼はエミと話すためにここに来たのですか。）

〈否定文〉I didn't go to the zoo to see koalas.

（私はコアラを見るために動物園に行ったのではありません。）

重要表現 ・・・・・・・・・・・・・・・・・・・・・・・・・・・・・・・・・・・・・・ 教科書p.35 〜 p.37

◆**appear** 現れる，姿を現す

appearには「現れる」という意味がある。

The moon **appeared** through the clouds.

（月が雲の間から現れました。）

She **appeared** on TV yesterday.

（彼女は昨日，テレビに出演しました。）

◆**disappear** 姿を消す，消滅する

上のappearの反意語で「姿を消す，消滅する」の意味。

◆**How should we ...?** どのように私たちは…すべきですか。

今から何をすべきか，というときに使う表現。今回はthe age of AI「AIの時代」にどうface「向き合う」べきかという意味で，文中で使われている。

How should we do next?（私たちは次は何をすべきですか。）

Key Sentenceチェック

★Key Sentenceの用例をたくさん覚えよう。

☐1. He came **to see** me.
　　彼は私に会うために来ました。

☐2. I went to the park **to play** tennis.
　　私はテニスをするために公園へ行きました。

☐3. Mike came to Japan **to learn** Japanese.
　　マイクは日本語を学ぶために日本に来ました。

☐4. My father is going to come home at six **to make** dinner.
　　私の父は夕食を作るために6時に帰宅するつもりです。

☐5. Did you go to the river **to swim**?
　　あなたは泳ぐために川へ行きましたか。

☐6. I got up early **to do** my homework.
　　私は宿題をするために早く起きました。

☐7. Kumi visited Okinawa **to spend** her holidays.
　　クミは休日を過ごすために沖縄を訪れました。

☐8. My brother is in America **to study** English.
　　私の兄［弟］は英語を勉強するためにアメリカにいます。

☐9. I bought this book **to give** to Ken.
　　私はケンにあげるためにこの本を買いました。

☐10. She went to the library **to look for** interesting books.
　　彼女はおもしろい本をさがすために図書館に行きました。

Key Sentence 10

⑪　I am surprised **to see** this.

⑪　私はこれを見て驚いています。

解説⑪ ▶ **副詞の働きをする〈to＋動詞の原形〉：「…して驚いている」**
という言い方

• 「…して驚いている」のように，感情の原因・理由を表すときに
〈to＋動詞の原形〉を使う。〈be動詞＋形容詞＋to …〉の形。この
ときに使う形容詞は，surprised，happy，sadなど。

I am surprised ｜to see｜ this.
感情を表す形容詞　　〈to＋動詞の原形〉

●**過去の文・疑問文・否定文などの場合**

「…してうれしかった」のような過去の文はbe動詞をwasやwere
にする。「…してうれしいですか」「…してうれしくない」のような
疑問文・否定文はすべてbe動詞の文に準じて，疑問文は主語の
前にbe動詞を出し，否定文はbe動詞のあとにnotを置く。

〈過去の文〉I **was** happy **to hear** that.

〈疑問文〉　**Are** you happy **to hear** that?

〈否定文〉　I'm **not** happy **to hear** that.

CHART & CHECK

働き	不定詞の意味	例
副詞	「…するために」	I called Aki **to hear** her voice.
	「…して」	I was glad **to hear** Aki's voice.
名詞	「…すること」	I want **to hear** Aki's voice.

重要表現 •••••••••••••••••••••••••••••••• 教科書p.38 〜 p.39

◆**here's ... (here is ...)**　ここに…がある

here's …で「ここに…がある」の意味。同じように存在を表す表現としてthere's ... (there is ...)「…がある」がある。

Here's her notebook.

（ここに彼女のノートがあります。）

◆**What does it say?**　何と書いてありますか。

今回は記事で述べられている内容を聞くときに使われている。sayは「言う」の意味だが，主語が雑誌や新聞など「人」でないときは「書いてある」と訳す。

What does it say in the newspaper?

（その新聞にはなんと書いてありますか。）

◆**in the future**　将来は

必ずしも遠い未来を指す言葉ではなく数年後等，近い未来を指すのにも使う。

I want to study Spanish **in the future**.

（私は将来スペイン語を勉強したいです。）

◆**Let's see.**　[考えながら]ええと。そうですね。

返事がすぐに出てこないときなどのつなぎのことば。

同じ意味を表す表現として，**Let me see.** がある。

◆**according to ...**　…によれば

第三者による意見などを紹介するときに使う表現。

According to the newspaper, he won the game.

（その新聞によると彼はその試合に勝ったとのことです。）

◆**Career Day**　職業体験日

「職業について学ぶ日」という意味合いになる。日本の中学校では職場体験学習などを行うことが多い。今回はいろいろな職業の人

たちにインタビューをしている。

Key Sentenceチェック

★Key Sentenceの用例をたくさん覚えよう。

☐1.　I am **sad to know** that.

私はそれを知って悲しいです。

☐2.　He is **happy to hear** the story.

彼はその話を聞いてうれしいです。

☐3.　We were very **surprised to read** the e-mail.

私たちはそのEメールを読んでとても驚きました。

☐4.　Ken was so **sad to hear** the news.

ケンはその知らせを聞いてたいへん悲しみました。

☐5.　I was very **happy to talk** with him.

私は彼と話してとてもうれしかったです。

☐6.　Were they **surprised to see** their old friend?

——Yes, they **were**. / No, they **weren't**.

彼らは古い友達と会って驚きましたか。

——はい，驚きました。/ いいえ，驚きませんでした。

☐7.　Was she **excited to watch** the game?

——Yes, she **was**. / No, she **wasn't**.

彼女はその試合を見てわくわくしていましたか。

——はい，わくわくしていました。

　　いいえ，わくわくしていませんでした。

Read and Think 1　不定詞(形容詞的用法)

Key Sentence 11

⑫　We have various things **to translate**.

⑫　翻訳すべきものはいろいろあります。

解説⑫〈to＋動詞の原形〉：「…すべき」「…するための」という言い方

- 〈to＋動詞の原形〉には「…すべき」「…するための」という意味(形容詞的用法)で，すぐ前の名詞や代名詞を修飾する働きがある。

We have various <u>things</u> | to translate |.
　　　　　　　名詞 └─────┘ 〈to＋動詞の原形〉「…すべき」

We have a lot of <u>things</u> | to talk about |.
　　　　　　名詞 └─────┘ 〈to＋動詞の原形＋前置詞〉
(私たちには話し合うべきことがたくさんあります。)

●主語が何であっても〈to＋動詞の原形〉の形はかわらない

主語が三人称単数でも〈to＋動詞の原形〉の形はかわらない。

<u>Aya</u> has a lot of homework | to do |.
三人称単数　　　　　　　　　〈to＋動詞の原形〉
(アヤにはしなければならない宿題がたくさんあります。)

●疑問文・否定文でも〈to＋動詞の原形〉の形はかわらない

〈疑問文〉Do you want a book | to read | now?
　　　　　　　　　　　　　〈to＋動詞の原形〉
(あなたは今読む本がほしいですか。)

〈否定文〉I don't have a picture | to show | you.
　　　　　　　　　　　　　〈to＋動詞の原形〉
(私はあなたに見せる写真を持っていません。)

◆**translator**　翻訳者

本文では別に動詞のtranslate「翻訳する」が出てくる。この単語を「…する人」と変化させたのが**translator**である。

My mother is a **translator**.（私の母は翻訳者です。）

◆**job**　職，仕事

jobはお金をもらってする具体的な「仕事」を意味する<u>数えられる</u>名詞。これに対して，workはお金にならない場合もふくめて，広く「仕事」を意味する。ただし，workは<u>数えられない</u>。

He has **a** part-time **job**.

（彼はパートタイムの仕事〔アルバイト〕をしています。）

He did volunteer **work** yesterday.

（彼は昨日，ボランティアの仕事をしました。）

◆**need to ...**　…する必要がある

toの後ろには動詞の原形がくる。

You don't **need to** worry.

（あなたは心配する必要はありません。）

◆**sometimes**　ときどき

ふつうは一般動詞の前，be動詞や助動詞の後ろに置くが，強調するときは文頭や文末に置く。

◆**continue**　…を続ける

〈continue to＋動詞の原形〉で「…することを続ける」「…し続ける」という意味。

I **continue** to read this book.

（私はこの本を読み続けます。）

Key Sentenceチェック

★Key Sentenceの用例をたくさん覚えよう。

☐1. I have some books **to read**.
   私には読むべき本が数冊あります。

☐2. My mother has a lot of things **to do**.
   私の母にはすることがたくさんあります。

☐3. I need time **to talk** with you.
   私にはあなたと話す時間が必要です。

☐4. I have a lot of homework **to do** now.
   私には今すべき宿題がたくさんあります。

☐5. I have something **to show** you.
   私にはあなたに見せるものがあります。

☐6. This house has many rooms **to clean**.
   この家にはそうじすべき部屋がたくさんあります。

☐7. English is a language **to learn**.
   英語は学ぶべき言語です。

☐8. I don't have anything **to do** before lunch.
   私には昼食前にすべきことが何もありません。

☐9. I want a friend **to play** tennis with.
   私はいっしょにテニスをする友達がほしいです。

Key Sentence 12

⑬ **It** is important **to use** AI effectively.

⑬ 人工知能を効果的に使うことが重要です。

解説⑬〈It is ...(for＋(人))＋to＋動詞の原形〉：「((人)が)〜するのは…です」という言い方

● 名詞の働きをする〈to＋動詞の原形〉が主語となる文は, itを主語にして〈It is ...＋to＋動詞の原形〉の形でも表すことができる。このitは形式的な主語で「それは」という意味を持たず, 意味上の主語は〈to＋動詞の原形〉である。

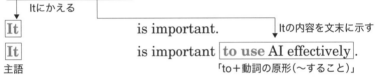

To use AI effectively is important.

Itにかえる

It is important.　Itの内容を文末に示す

It is important **to use** AI effectively.
主語　　　　　　　　　　　「to＋動詞の原形（〜すること）」

〈It is ...＋to＋動詞の原形〉の形に「(人)が」や「(人)にとっては」などという意味を加えるときは, 〈to＋動詞の原形〉の前に〈for＋(人)〉を置く。「人」の部分に代名詞がくるときは「…を, …に」の形になる。

It is important **for us** to use AI effectively.
　　　　　　　　〈for＋(人)〉

●疑問文や否定文などの言い方

〈It is ...(for＋(人))＋to＋動詞の原形〉の疑問文や否定文はbe動詞の文と同様, 疑問文の場合はbe動詞を主語itの前に出し, 否定

文の場合はbe動詞のあとにnotを置く。また，過去の文にする場合は，be動詞をwasにする。

Is it important to use AI effectively?

（人工知能を効果的に使うことは重要ですか。）

It is **not** important to use AI effectively.

（人工知能を効果的に使うことは重要ではありません。）

復習 不定詞（名詞的用法）

I want **to use** AI effectively.

（私は人工知能を効果的に使いたいです。）

Why do we need **to study** English?

（私たちはなぜ英語の勉強をする必要があるのですか。）

You should continue **to learn** about it.

（あなたはそれについて学び続けるべきです。）

重要表現 ・・・・・・・・・・・・・・・・・・・・・・・・・・・・・・・・・・・・・ 教科書p.42 〜 p.43

◆**misunderstand** 誤解する

文字通り言語の意味を「誤って理解する」という意味。

understand「理解する」の反意語。

I **misunderstood** you.

（私はあなたを誤解していました。）

◆**moreover** さらに

前の話題に追加で何かを述べるときの表現。

Moreover, I have some money.

（さらに，私はいくらかのお金を持っています。）

◆**build** 築き上げる

今回はrelationships「人間関係」を築き上げるという意味で用いられている。

建築物等を「建設する」というのが主な意味。

We can **build** a good relationship with each other.

(私たちはお互いによい人間関係を築くことができます。)

◆**a lot** ①たくさん　②たいへん，とても

教科書のAI can help us a lot.では，②の「とても」という意味。

Thanks **a lot**.

(ほんとうにありがとう。)

I have **a lot** to do today.

(私は今日するべきことがたくさんあります。)

◆**between** …(と～)の間で[に，の]

2つのものの間に位置しているときに用いる。

between the two countries(その2か国の間で)

between six and seven(6時から7時の間に)

Kumi sat **between** John and me.

(クミはジョンと私の間に座りました。)

◆**through** …のために，…によって

原因や手段を表す前置詞。

They communicate **through** [by] e-mail.

(彼らはEメールで意思を伝えます。)

Key Sentenceチェック

★Key Sentenceの用例をたくさん覚えよう。

☐1. **It** is exciting **to play** baseball.
　　野球をするのはわくわくします。

☐2. **It** was easy **to understand** this book.
　　この本を理解するのは簡単でした。

☐3. **It** was necessary **to get** up early.
　　早く起きることが必要でした。

☐4. **It** is important **for us to study** math.
　　私たちが数学を勉強することは大切です。

☐5. **It**'s good **for you to read** books.
　　あなたが本を読むことはよいことです。

☐6. Is **it** exciting **to swim** in this river?
　　——Yes, it **is**. / No, it **isn't**.
　　この川で泳ぐのはわくわくしますか。
　　——はい，わくわくします。/ いいえ，わくわくしません。

☐7. **It**'s not necessary **for her to call** me.
　　彼女が私に電話をする必要はありません。

☐8. **It** was not easy **for Mike to speak** Japanese.
　　マイクが日本語を話すのはやさしくありませんでした。

① 日本文に合うように，（　　）内から適する語や語句を選ぼう。

(1) 私はユキの家に滞在するために京都を訪れました。

I visited Kyoto (stay, (to stay)) at Yuki's house.

(2) 漢字を学習するのは大事です。

It is important (study, (to study)) kanji.

(3) 私の兄にはすべき宿題がいくらかあります。

My brother has some homework (does, (to do)) .

② 日本文に合うように，（　　）内に適する語を書こう。

(1) イチロウはスケートをするためにカナダへ行きました。

Ichiro went to Canada (**to**) (**skate**) .

(2) ケンタが早く起きることは簡単ですか。

Is it easy for Kenta (**to**) (**get**) (**up**) early?

(3) 私はあなたにあげる本を持っています。

I have a book (**to**) (**give**) you.

(4) 私には読むためのたくさんの本があります。

I have many books (**to**) (**read**) .

(5) さらに，彼は学校に遅刻しました。

(**Moreover**), he was late for school.

(6) 私はその手紙を読んで驚きました。

I was surprised (**to**) (**read**) the letter.

(7) 彼はその知らせを聞いて喜んでいますか。

Is he happy (**to**) (**hear**) the news?

❸ 日本文に合うように，（　　）内の語を並べかえよう。

(1) 私が数学を勉強することは必要です。

It is (to / necessary / study / me / for) math.

It is <u>necessary for me to study</u> math.

(2) 彼らは昼食を食べるためにそのレストランへ行きました。

They went to (lunch / the / to / restaurant / eat).

They went to <u>the restaurant to eat lunch</u>.

(3) あなたは私に見せるノートを持っていますか。

Do you have (to / me / notebook / a / show)?

Do you have <u>a notebook to show me</u>?

❹ 英文の意味を表す日本語を完成させよう。

(1) I have many things to learn about my country.

私は自国について（ 学ぶべきこと ）がたくさんあります。

(2) He bought a computer to enjoy the internet.

彼は（ インターネットを楽しむために ）コンピュータを買いました。

(3) It is important for you to eat breakfast.

（ あなた（たち）が朝食を食べるのは ）大切です。

❺ 日本語の意味を表す英文を書こう。

(1) ひらがな（*hiragana*）を書くのは簡単です。

It is easy to write *hiragana*.

(2) 彼女はテニスを練習するためにここに来ました。

She came here to practice tennis.

Today's Point 3

④ **I'm looking forward to** talking with you.
⑤ **Bye for now,**

④ あなたと話すのを楽しみにしています。
⑤ それでは。

解説④ **be looking forward to ...ing「...するのを楽しみに待つ」という言い方**

• 〈be looking forward to ...ing〉は相手に対してこれからすること，起こることへの期待の意味を伝えるときに用いる。

toの後には動詞のing形（原形ではない）が続くので注意が必要。

手紙，Eメール等の終わりに

I'm looking forward to seeing you again.

（次にお会いするのが楽しみです。）

と締めるときにも使われる。

解説⑤ **メールの終わりのあいさつ**

• メールは，〈 Hi, ＋相手の名前. 〉などではじめるが，終わりのあいさつも忘れずに書くこと。最後にコンマを入れ，そのあとに自分の名前を書く。

Bye for now, のほかにも，次のようなあいさつがある。

Take care,（じゃあね。［気をつけてね。］）

See you (tomorrow),（また（明日）ね。）

Kind regards,（思いやりと敬意をこめて。［敬具］（メールや手紙の結びの言葉））

◆**I'm sorry（that）....**　（…して）ごめんなさい。すみません。

◆**miss ...**　…を見逃す，を逃す

missは「…を逃す」という意味。ここでは電話に出そびれたことを表している。

I **missed** his phone call.（私は彼の電話を逃しました。）

◆**put some ideas on paper**　いくつかの考えを紙にまとめる

putは「置く」だが今回はsome ideas「いくつかの考え」をon paper「紙に」置いているので「紙に考えをまとめる」という意味となる。

◆**attach ... to ～**　…を～に添付する

電子メールで写真やファイルなどを添付するときの表現。attachは「つける」等の意味の動詞。

He **attached** the picture **to** his e-mail.

（彼はその写真をEメールに添付しました。）

◆**take a look**　ちらりと見る，見てみる

後にat ...で「…を見てみる」という意味になる。

I'll **take a look** at the book.

（私はその本を見てみるつもりです。）

◆**How's everything?**　調子はどうですか。

"How's everything?（＝How is everything?）は，「全てのものごとはどんな様子ですか」という意味で，「調子はどうですか」というあいさつのときに使う表現。

◆**Thanks [Thank you] for your e-mail.**　メールをどうもありがとう。

Thanks [Thank you] for ... で「…をありがとう」という意味。

◆**ASAP(=as soon as possible)**　なるべく早く

Eメールなどで使われる英語における略語。ほかにもBTW(=by the way)「ところで」やCU(=see you.)「またね。」などがある。

❶ 日本文に合うように，（　）内から適する語を選ぼう。

(1) 私は職業体験日について話したいです。

I want to talk ((about,) to) Career Day.

(2) 昨日宿題をせず，すみませんでした。

I'm sorry I (don't, (didn't)) do my homework yesterday.

(3) この写真を見てみてください。

Please ((take,) show) a look at this picture.

❷ 日本文に合うように，（　）内に適する語を書こう。

(1) Eメールをどうもありがとう。

(**Thank**) (**you**) (**for**) your e-mail.

(2) 調子はどうですか。

How's (**everything**)?

(3) 彼が紙に考えをまとめます。

He will (**put**) some ideas (**on**) paper.

(4) 博多駅で会えますか。

(**Can**) we (**meet**) at Hakata station?

(5) 私は彼からの電話を受けました。

I got his (**phone**) (**call**).

(6) 彼女は言いました，「それではまた。」

She said "(**Bye**) (**for**) now."

(7) 気をつけてね。

Take (**care**),

❸ 日本文に合うように，(　　)内の語を並べかえよう。

(1) タロウはそのEメールに美しい写真を添付しました。

Taro (to / beautiful / attached / pictures) the e-mail.

Taro <u>attached beautiful pictures to</u> the e-mail.

(2) 私は木曜日が空いています。

I'm (Thursday / on / free).

I'm <u>free on Thursday</u>.

(3) 遅刻してすみません。I'm (late / am / sorry / I).

I'm <u>sorry I am late</u>.

❹ 英文の意味を表す日本語を完成させよう。

(1) I missed the show.

私はそのショーを(見逃しました)。

(2) Let's put our plan on paper.

私たちの計画を(紙にまとめましょう)。

(3) John is looking forward to watching the movie.

ジョンは(その映画を見るのを楽しみにしています)。

❺ 日本語の意味を表す語句または英文を書こう。

(1) できる限り早く(略語であるASAPを元の形に戻して)

<u>As soon as possible. [as soon as possible]</u>

(2) なぜあなたは私の電話を逃したのですか。

<u>Why did you miss my (phone) call?</u>

Unit 4 Homestay in the United States 教科書p.57 〜 p.66

Scene 1 have to+動詞の原形

Key Sentence 13

⑭ You **have to** speak English.
⑮ You **do not have to** speak perfect English.

⑭ あなたは英語を話さなければなりません。
⑮ あなたは完璧な英語を話さなくてもよいです。

解説⑭ 〈have to＋動詞の原形〉：「…しなければならない」という言い方

・「…しなければならない」（必要性・義務）と言うときは，
〈have to＋動詞の原形〉を使う。

「話します」　　　　　　I　　　　　speak English.

「話さなければなりません」I　have to　speak English.
　　　　　　　　　　　〈have to＋動詞の原形〉

● 主語が三人称単数のときは〈has to＋動詞の原形〉を使う

Shin　has to　go to the library.
三人称単数 〈has to＋動詞の原形〉
（シンは図書館へ行かなければなりません。）

● 〈had to＋動詞の原形〉：「…しなければならなかった」という言い方

I　had to　get up early yesterday.
〈had to＋動詞の原形〉 ＊hadはhave, hasの過去形
（私は昨日，早く起きなければなりませんでした。）

Kumi　had to　do her homework last night.
　　　〈had to＋動詞の原形〉
（クミは昨夜，宿題をしなければなりませんでした。）

● **〈have to＋動詞の原形〉の疑問文**

  Do you have to study in the morning?

  （あなたは午前中，勉強しなければなりませんか。）

  ——Yes, I do .（はい，勉強しなければなりません。）

  　　No, I don't .（いいえ，勉強しなくてよいです。）

  ＊主語が三人称単数のときは〈Does＋主語＋have to＋動詞の原形...?〉，過去の
  　文は〈Did＋主語＋have to＋動詞の原形...?〉で表す。

解説⑮ 〈do not have to＋動詞の原形〉〈does not have to＋動詞
　　　 の原形〉：「…しなくてよい」「…する必要がない」という言い方

• 〈have to＋動詞の原形〉〈has to＋動詞の原形〉の否定文は，

  「…しなくてよい」「…する必要がない」という意味を表す。

  You do not have to speak perfect English.
  　　　　　　　　　　　　動詞の原形

  Ken does not have to call me.
  　　　　　　　　　　　 動詞の原形

  （ケンは私に電話をする必要がありません。）

● **〈did not have to＋動詞の原形〉：「…する必要がなかった」という言い方**

  Judy did not have to make lunch yesterday.
  　　　　　　　　　　　　　　　動詞の原形

  （ジュディは昨日，昼食を作る必要がありませんでした。）

重要表現 ……………………………………………… 教科書p.57〜p.59

◆**a member of ...** 　…の一員

  of のあとにはグループなどを表す語が続く。

  You're **a member of** the family.

  （あなたはその家族の一員です。）

Key Sentenceチェック

★Key Sentenceの用例をたくさん覚えよう。

□1.　I **have to show** him this picture.
　　　私は彼にこの写真を見せなければなりません。

□2.　We **have to get** to the station at ten.
　　　私たちは10時に駅に着かなければなりません。

□3.　Saki **has to make** breakfast every morning.
　　　サキは毎朝，朝食を作らなければなりません。

□4.　My mother **has to buy** a bag.
　　　私の母はかばんを買わなければなりません。

□5.　I **had to visit** Yumi yesterday.
　　　私は昨日ユミを訪ねなければなりませんでした。

□6.　You **don't have to write** your name.
　　　あなたは自分の名前を書かなくてもよいです。

□7.　He **doesn't have to walk** to school.
　　　彼は学校へ歩いていかなくてもよいです。

□8.　I **didn't have to get** up at five.
　　　私は5時に起きる必要がありませんでした。

□9.　**Do** you **have to work** on Saturdays?
　　　——Yes, I **do**.／No, I **don't**.
　　　あなたは毎週土曜日に仕事をしなければなりませんか。
　　　——はい，しなければなりません。
　　　　　いいえ，する必要がありません。

□10. **Does** Kumi **have to** use this computer?
　　　クミはこのコンピュータを使わなければなりませんか。

Scene 2 助動詞must

Key Sentence 14

⑯ You **must** come home early.
⑰ You **must not** go out alone.

⑯ あなたは家に早く帰って来なければなりません。
⑰ あなたはひとりで外に出てはいけません。

解説⑯ ▶ 〈must＋動詞の原形〉：「…しなければならない」という言い方

• 強い調子で「…しなければならない」（義務・命令）と言うときは，〈must＋動詞の原形〉を使う。

「家に早く帰ってきます。」　　　　You　　　　come home early.

「家に早く帰って来なければ
なりません。」　　　　　　　　You 　**must**　come home early.
　　　　　　　　　　　　　　　　　〈must＋動詞の原形〉

●主語が三人称単数のとき

主語が三人称単数のときでも，mustのあとの動詞は原形。

She　**must study**　English.
　　〈must＋動詞の原形〉
（彼女は英語を勉強しなければなりません。）

●mustとhave to

mustよりhave toのほうがやわらかな言い方であるが，ほぼ同じ意味を表す。

You must make breakfast.

＝You 　**have to**　make breakfast.

（あなたは朝食を作らなければなりません。）

●**過去の文**

mustには過去形がないので，「…しなければならなかった」は
〈**had to**＋動詞の原形〉を使う。

I | **had to** | visit Mr. Jones yesterday.

（私は昨日ジョーンズ先生を訪ねなければなりませんでした。）

●**未来の文**

未来の文ではmustを使わずに〈**will have to**〉を使う。

You | **will have to** | learn Japanese.

（あなたは日本語を学ばなければならないでしょう。）

●**mustを使った文の疑問文：「…しなければなりませんか」という言い方**

You must work on Sundays.

〈疑問文〉 | **Must** | you work on Sundays?

　　　　　主語の前に

　　　　　（あなたは毎週日曜日に仕事をしなければなりませんか。）

〈答え方〉Yes, I | **must** | . / No, I | **don't have to** | .

　　　　　　　　　＊Noで答えるときはdon't have toを使う。

　　　　　（はい，しなければなりません。/ いいえ，しなくてよいです。）

解説⑰ ▷ **〈must not＋動詞の原形〉：「…してはならない」という言い方**

• mustの否定文は〈**must not**＋動詞の原形〉で表し，「…してはならない」（禁止）という意味になる。

「…しなければならない」 You must 　　　　　come home early.

「…してはならない」 You | **must not** | go out alone.
　　　　　　　　　　　　〈must not＋動詞の原形〉
　　　　　　　　　　　　＊must notはmustn'tと短縮形で表すことができる。

●**must notとdon't have toの意味のちがい**

〈must not＋動詞の原形〉は「…してはならない」という意味を表すが，〈don't have to＋動詞の原形〉は「…しなくてよい」という意味を表す。

You $\boxed{\text{must not}}$ read this book.

（あなたはこの本を読んではいけません。）

You $\boxed{\text{don't have to}}$ read this book.

（あなたはこの本を読まなくてよいです。）

● **You must not ....＝Don't ....**

〈You must not＋動詞の原形 ....〉と〈Don't＋動詞の原形 ....〉は，ほぼ同じ意味を表す。

You $\boxed{\text{must not}}$ use my computer.

＝$\boxed{\text{Don't}}$ use my computer.

〈Don't＋動詞の原形 ....〉

（私のコンピュータを使ってはいけません。）

重要表現 ••教科書p.60〜p.61

◆**go out** 外出する

go「行く」とout「外に」で，「外に出る，外出する」という意味を表す。

Let's **go out** today.（今日，外出しましょう。）

Key Sentenceチェック

★Key Sentenceの用例をたくさん覚えよう。

□1. You **must clean** your room.

あなたは自分の部屋をそうじしなければなりません。

□2. My sister **must read** this book.

私の妹[姉]はこの本を読まなければなりません。

□3. Mike and Ken **must visit** their teacher.

マイクとケンは彼らの先生を訪ねなければなりません。

□4. We **must write** our names.

私たちは自分たちの名前を書かなければなりません。

□5. **Must** they **speak** English?

——Yes, they **must**.

No, they **don't have to**.

彼らは英語を話さなければなりませんか。

——はい，話さなければなりません。

いいえ，話さなくてよいです。

□6. **Must** your brother **go** to bed at ten?

——Yes, he **must**.

No, he **doesn't have to**.

あなたの弟［兄］は10時に寝なければなりませんか。

——はい，寝なければなりません。

いいえ，寝なくてよいです。

□7. You **must not play** baseball here.

あなたはここで野球をしてはいけません。

□8. You **must not watch** TV now.

あなたは今テレビを見てはいけません。

□9. You **must not open** the box.

あなたはその箱をあけてはいけません。

□10. You **must not use** my car.

あなたは私の車を使ってはいけません。

□11. You **mustn't eat** lunch now.

あなたは今，昼食を食べてはいけません。

□12. You **mustn't play** the guitar here.

あなたはここでギターをひいてはいけません。

Read and Think 1　動名詞

Key Sentence 15

⑱　I finished **using** the bathroom.

⑱　私は浴室を使い終わりました。

解説⑱▶ 動詞の…ing形：「…すること」という言い方

• 動詞の…ing形は進行形で使うほかに，「…すること」という意味
で使う。〈finish＋動詞の**…ing形**〉で「…することを終える」「…
し終える」という意味を表す。

「…している」（進行形）　I am using the bathroom.
　　　　　　　　　　　 be動詞└…ing形

「…すること」　　　　 I finished ｜using｜ the bathroom.
　　　　　　　　　　　 　　　　　〈finish＋…ing形〉

●動詞の…ing形を目的語にとる動詞

動詞の…ing形を目的語にとる動詞には，finish（…し終える）のほ
かにenjoy（…して楽しむ），stop（…するのをやめる）などがある。

〈enjoy ＋ …ing 形〉	「…して楽しむ」
〈finish ＋ …ing 形〉	「…し終える」
〈stop ＋ …ing 形〉	「…するのをやめる」

I enjoyed **watching** TV.
（私はテレビを見て楽しみました。）

I stopped **reading** the book.
（私はその本を読むのをやめました。）

●動詞の...ing形と〈to＋動詞の原形〉

動詞によって，動詞の...ing形を目的語にとるもの，〈to＋動詞の原形〉を目的語にとるもの，両方をとるものがある。

...ing 形を目的語にとる動詞	**enjoy**, **finish**, **stop** など
〈to ＋動詞の原形〉を目的語にとる動詞	**want**, **hope** など
...ing 形と〈to ＋動詞の原形〉を目的語にとる動詞	**like**, **start** など

I **like taking** pictures. ＝ I **like to take** pictures.

（私は写真を撮るのが好きです。）

I **stopped calling**.（私は電話をするのをやめました。）

比較しよう I stopped to call.

（私は電話をするために立ちどまりました。）

重要表現 ●●教科書p.62 〜 p.63

◆**in ten minutes**　**10分たったら**

inは「〜たったら」の意味を表す。

Lunch will be ready **in five minutes**.

（あと5分たったら昼食です。）

◆**be good at ...**　…が得意だ

atのあとに名詞や動詞の...ing形を続ける。

He **is good at** playing tennis.

（彼はテニスをすることが得意です。）

Key Sentenceチェック

★Key Sentenceの用例をたくさん覚えよう。

☐1.　My mother **finished making** her bed.
　　　私の母はベッドを整え終えました。

☐2.　I **enjoyed playing** tennis yesterday.
　　　私は昨日テニスをして楽しみました。

☐3.　I will **stop using** the computer.
　　　私はそのコンピュータを使うのをやめるつもりです。

☐4.　Are you going to **enjoy watching** TV?
　　　あなたはテレビを見て楽しむつもりですか。

☐5.　Did your father **finish eating** breakfast?
　　　あなたのお父さんは朝食を食べ終えましたか。

☐6.　I **like playing** the piano.
　　　私はピアノをひくのが好きです。

☐7.　We will **start practicing** soccer.
　　　私たちはサッカーを練習しはじめるつもりです。

☐8.　It **started raining** in the afternoon.
　　　午後に雨が降りはじめました。

☐9.　**Finish doing** your homework before dinner.
　　　夕食前に宿題をし終えなさい。

☐10.　When did they **start cleaning** the park?
　　　彼らはいつ公園をそうじしはじめましたか。

☐11.　Does Alex **like learning** Japanese?
　　　アレックスは日本語を学ぶのが好きですか。

☐12.　We will **finish making** lunch at noon.
　　　私たちは正午に昼食を作り終えるでしょう。

Read and Think 2　動名詞

⑲　**Playing** games was fun.

⑲　ゲームをすることは楽しかったです。

解説⑲　主語になる動詞の...ing形：「...することは〜です」という言い方

- 動詞の...ing形は主語として使うこともできる。

〈動詞の**...ing形** ―＋is 〜 .〉で「...することは〜です。」という意味を表す。

〈過去の文〉　**Playing** games was fun.
　　　　　　　動詞の...ing形　└be動詞はwasになる

● 〈動詞の**...ing形** ―＋is 〜 .〉＝〈To＋動詞の原形 ―＋is 〜 .〉

〈動詞の...ing形 ―＋is 〜 .〉の文は〈To＋動詞の原形 ―＋is 〜 .〉の文で書きかえることができる。

動詞の...ing形も〈to＋動詞の原形〉も三人称単数として扱うことに注意。be動詞ならば，isかwasを使う。

Playing game was fun.

＝ **To play** game was fun.
　〈to＋動詞の原形〉

重要表現 ・・教科書p.64 〜 p.65

◆**one of ...**　...の1つ［1人］

ofのあとには名詞の複数形や複数を表す代名詞が続く。

One of my friends lives in Tokyo.

（私の友達の1人が東京に住んでいます。）

◆**after all** 結局，とうとう

After all, he didn't come here.

（結局，彼はここに来なかった。）

◆**one day** ある日

one dayは，過去や未来の「ある日」の意味を表す。

One day, Kumi found an old picture.

（ある日，クミは古い絵を見つけました。）

◆**keep ...ing** …し続ける

We **kept walking**.

（私たちは歩き続けました。）

Key Sentenceチェック

★Key Sentenceの用例をたくさん覚えよう。

☐1. **Teaching** English **is** his job.
英語を教えることが彼の仕事です。

☐2. **Playing** the guitar **is** difficult.
ギターをひくことは難しいです。

☐3. **Watching** baseball games **is** exciting for Ken.
野球の試合を見ることはケンにとってわくわくすることです。

☐4. **Reading** this book **is** easy for me.
この本を読むことは私にとって簡単です。

☐5. **Talking** with many people **is** interesting.
たくさんの人と話すことはおもしろいです。

☐6. **Visiting** Canada **is** my dream.
カナダを訪れることは私の夢です。

☐7. **Cleaning** the river **is** important.
その川をそうじすることは大切です。

☐8. **Is playing** the piano your job?
ピアノをひくことはあなたの仕事ですか。

☐9. **Is taking** pictures her hobby?
写真を撮ることは彼女の趣味ですか。

☐10. **Is swimming** easy for you?
泳ぐことはあなたにとって簡単ですか。

☐11. **Was running** together fun?
いっしょに走ったことは楽しいことでしたか。

☐12. **Speaking** Japanese **is** not difficult for Mr.Brown.
日本語を話すことはブラウンさんにとって難しくありません。

☐13. **Playing** soccer abroad **isn't** my dream.
海外でサッカーをすることは私の夢ではありません。

☐14. **Taking** pictures of elephants **was** not easy.
ゾウの写真を撮ることは簡単ではありませんでした。

 **定期テスト対策**

❶ 日本文に合うように，（　）内から適する語や語句を選ぼう。

(1) 私は2時までに駅に着かなければなりません。

I (have, must) to get to the station by two.

(2) あなたたちはここでサッカーをしてはいけません。

You (don't have to, must not) play soccer here.

(3) 私は昨日，野球をして楽しみました。

I enjoyed (to play, playing) baseball yesterday.

❷ 次の英文を〔　〕内の指示に従って書きかえよう。

(1) Ken has to make his bed.　〔疑問文に〕

→(**Does**) Ken (**have**) (**to**) make his bed?

(2) Becky must get up at six.　〔疑問文にして，Noで答えて〕

→(**Must**) (**Becky**) get up at six?

——No, she (**doesn't**) (**have**) (**to**).

(3) Saki must buy a notebook.　〔ほぼ同じ意味の文に〕

→ Saki (**has**) (**to**) buy a notebook.

(4) Don't listen to music in this room.〔ほぼ同じ意味の文に〕

→You (**must**) (**not**) listen to music in this room.

(5) We started to take pictures there.〔ほぼ同じ内容を表す文に〕

→We started (**taking**) pictures there.

(6) To wash our car is my job.　〔ほぼ同じ内容を表す文に〕

→(**Washing**) our car is my job.

→次ページに続きます。

❸ 日本文に合うように，（　）内の語を並べかえよう。

(1) あなたは今日，仕事をしなくてよいです。

You (have / work / to / don't) today.

You <u>don't have to work</u> today.

(2) 私たちは3時に帰宅しなければなりません。

(home / must / we / come) at three.

<u>We must come home</u> at three.

(3) 外国を旅することが私の夢です。

(my / is / traveling / abroad) dream.

<u>Traveling abroad is my</u> dream.

❹ 英文の意味を表す日本語を完成させよう。

(1) You must not run here.

あなたはここで(走ってはいけません)。

(2) Saki doesn't have to call me.

サキは私に電話を(しなくてよいです)。

(3) I finished making dinner.

私は夕食を(作り終えました)。

❺ （　）内の語を使って，日本語の意味を表す英文を書こう。

(1) あなたはあなたのお母さんを手伝わなければなりません。(have)

<u>You have to help your mother.</u>

(2) 私は7時にこの本を読み終えました。(finish)

<u>I finished reading this book at seven.</u>

ホームステイのお礼状
―手紙―

教科書p.67

Today's Point 4

⑥ **Thank you for** a wonderful homestay.

⑥ すばらしいホームステイをありがとうございました。

解説⑥ 感謝の気持ちを相手に伝える言い方

- 〈**Thank you for ...**〉は感謝の気持ちを相手に伝える表現で「…をありがとう」という意味を表す。

  Thank you for the party.

  (パーティーを(計画してくれて)ありがとう。)

  ほかにも次のような感謝の気持ちを相手に伝える表現がある。

  I will never forget your hospitality.

  (お世話になったことは，絶対忘れません。)

  Many thanks for ....(…を本当にありがとう。)

  ... was really great. (…は本当によかったです。)

重要表現 ••• 教科書p.67

◆**Best wishes,** それでは。

  手紙の結びの言葉。

◆**Give my best regards to ....** …によろしくお伝えください。

  regardsで「よろしくというあいさつ」の意味を表す。

◆**I hope to hear from you.** お返事お待ちしています。

  まとめ(結び)の文。

◆**Let's keep in touch.** 今後も連絡を取り合いましょう。

  keep in touchで「連絡を保つ」の意味を表す。

❶ 日本文に合うように，（　　）内から適する語や語句を選ぼう。

(1) 私のおばのところに滞在することはすばらしい経験でした。

Staying with my aunt (is, (was)) a great experience.

(2) いつかまたあなたに会うことを楽しみに待ちます。

I look forward ((to,) for) seeing you again someday.

(3) 彼はその試合を見て楽しみました。

He enjoyed ((watching,) to watch) the game.

(4) マミはときどき，彼のコンピュータを使います。

Mami (usually, (sometimes)) uses his computer.

❷ 日本文に合うように，（　　）内に適する語を書こう。

(1) 私は今，アメリカに戻っています。

I am (**back**) in America now.

(2) ケンのところに滞在することはすばらしい体験でした。

(**Staying**)(**with**) Ken was a great experience.

(3) お世話になったことは，絶対忘れません。

I will (**never**)(**forget**) your hospitality.

(4) 彼は特に，彼女と話をして楽しみました。

He (**especially**) enjoyed talking with her.

(5) それでは。

(**Best**) wishes,

❸ 日本文に合うように, (   )内の語を並べかえよう。

(1) いいホームステイをありがとう。

(good / a / you / thank / homestay / for).

__Thank you for a good homestay__.

(2) 私はそのゲームからの言葉を使います。

I (words / game / from / the / the / use).

I __use the words from the game__.

(3) 今後も連絡を取り合いましょう。

Let's (touch / in / keep).

Let's __keep in touch__.

❹ 英文の意味を表す日本語を完成させよう。

(1) I hope to hear from you.

(お返事)お待ちしています。

(2) I look forward to seeing you again.

私はまたあなたに会うことを(楽しみに待ちます[しています])。

❺ 日本語の意味を表す英文を書こう。

(1) お元気ですか。

__How are you?__

(2) 私は毎日, 英語を勉強します。

__I study English every day.__

Scene 1 疑問詞＋to＋動詞の原形

Key Sentence 17

⑳ I know **how to use** these products.

⑳ 私はこれらの製品の使い方を知っています。

解説⑳ 〈疑問詞＋to＋動詞の原形〉：「どのように…するか」「何を…すべきか」などの言い方

● 「どのように…するか知っています」や「…のしかたを知っています」と言うときは〈how to＋動詞の原形〉を使う。

「…を知っています」 I know これ these products.

「…のしかたを知っています」 I know boxed{ **how to use** } these products.
〈how to ＋ 動詞の原形〉

ほかにも，what, when, whereなどの疑問詞を使った言い方がある。

〈what to〉 I don't know **what to do** today.

　　　　　（私は今日，何をすべきかわかりません。）

〈when to〉 I know **when to leave**.

　　　　　（私はいつ出発したらよいか知っています。）

〈where to〉 He knows **where to go**.

　　　　　（彼はどこへ行ったらよいか知っています。）

● 〈疑問詞＋to＋動詞の原形〉を目的語にとる動詞

how to … などを目的語にとる動詞は，knowのほかに，ask(…をたずねる)，learn(…を学ぶ)，understand(…を理解する)などがある。

CHART & CHECK

「疑問詞＋to＋ 動詞の原形」	意味
how to ...	…する方法，どのように…するか
what to ...	何を…すべきか，何を…したらよいか
when to ...	いつ…すべきか，いつ…したらよいか
where to ...	どこで／どこへ…すべきか， どこに／どこへ…したらよいか

重要表現 ••••••••••••••••••••••••••••••• 教科書p.72～p.73

◆**come and ...** …しに来る

andはcomeやgoのあとに置かれて，「…しに来る」(come and ...)，「…しに行く」(go and ...)などの意味を表すときに使われる。
Come and see me.（私に会いに来て。）

Key Sentenceチェック

★Key Sentenceの用例をたくさん覚えよう。

□1.　I know **how to swim**.
　　　私は泳ぎ方を知っています。

□2.　He understands **what to do** now.
　　　彼は今，何をしたらよいか理解しています。

□3.　Do you know **how to get** to the station?
　　　あなたは駅への行き方を知っていますか。

□4.　She wants to know **what to buy**.
　　　彼女は何を買うべきか知りたがっています。

□5.　Did you learn **how to use** computers?
　　　あなたはコンピュータの使い方を学びましたか。

□6.　They didn't know **what to say**.
　　　彼らは何と言うべきかわかりませんでした。

Key Sentence 18

㉑ I can **show** you **how to use** these products.

㉑ 私はこれらの製品の使い方をあなたに見せることが
　　できます。

解説㉑ 〈主語＋動詞＋(人)＋疑問詞＋to＋動詞の原形〉の形

- showやask, tellなどの動詞は〈動詞＋人＋how to ...〉「…する方法
を(人)に〜する」などの形で使うことができる。

I can show you 　how to use 　these products.
　　　　　　「…に」　　「…を」

＊この文のyouもhow to ...も，どちらもshowの目的語。

重要表現 ••••••••••••••••••••••••••••••••• 教科書p.74〜p.75

◆**over here** こちらに，こちらでは
場所を表す。over there「向こうに，あそこに」も覚えておこう。
Come **over here**, Ken.（こちらにいらっしゃい，ケン。）

◆**thanks to ...** …のおかげで
thanks to は原因や理由を表すときに使う表現で，「…のおかげ
で」「…のために」という意味。
このthanks to は前置詞と同じはたらきをするので，その後には
名詞や代名詞が続く。
Thanks to her help, my room is clean.
（彼女の助けのおかげで私の部屋はきれいです。）

Key Sentenceチェック

★Key Sentenceの用例をたくさん覚えよう。

☐1. My mother will show him **how to cook** *sukiyaki*.
　　私の母は彼にすき焼きの作り方を教えるでしょう。

☐2. I'll show her **how to use** the computer.
　　私は彼女にそのコンピュータの使い方を教えよう。

☐3. Did you ask him **when to go** to the station?
　　あなたは彼に駅へいつ行けばよいのかたずねましたか。

☐4. She asked me **where to get** off the bus.
　　彼女は私にどこでバスをおりたらよいかたずねました。

☐5. Let's ask Ken **where to go**.
　　どこへ行けばよいかケンにたずねよう。

☐6. I asked my mother **what to say**.
　　私は母に何と言うべきかたずねました。

☐7. Can you ask her **where to buy** a ticket?
　　彼女にどこで切符を買うべきかたずねてくれませんか。

☐8. Please tell me **when to leave**.
　　いつ出発したらよいか私に教えてください。

☐9. Can you tell me **where to visit** in Hokkaido?
　　北海道でどこを訪れたらよいか教えてくれますか。

☐10. Mr. Smith told them **what to do** this afternoon.
　　スミス先生は彼らに今日の午後，何をしたらよいか話しました。

☐11. My uncle told me **how to make** tea.
　　おじが私にお茶のいれ方を教えてくれました。

☐12. My brother told me **what to do** next.
　　兄［弟］は私に次に何をすべきか教えてくれました。

Read and Think 1, 2　主語＋be動詞＋形容詞＋that

㉒　I **am sure that** these ideas help many people.

㉒　私はこれらの考えが，多くの人々を助けると
　　確信しています。

解説㉒　**主語＋be動詞＋形容詞＋that：**
「きっと…だ」「…してうれしい」などという言い方

- 感情や心理を表すときは〈主語＋be動詞＋形容詞＋that〉を使う。
  〈主語＋be動詞＋sure＋that〉で「きっと…だ」，〈主語＋be動詞
  ＋glad＋that〉で「…してうれしい」という意味を表す。

重要表現 ・・・・・・・・・・・・・・・・・・・・・・・・・・・・・・・・・・・・・教科書p.76〜p.79

◆by　…のそばに

byは「…のそばに」と場所の意味を表す。

She is standing **by** the window.

（彼女は窓のそばに立っています。）

◆also　…もまた

通常，一般動詞の前，be動詞のあとに置く。一方，同じ意味を
表すtooは文末に置く。

They are **also** playing the guitar.

（彼らもまたギターをひいています。）

◆look for ...　…をさがす

I am **looking for** my dictionary.

（私は辞書をさがしています。）

Key Sentenceチェック

★Key Sentenceの用例をたくさん覚えよう。

☐1. **I am sure that** Ken will like this book.
きっと，ケンはこの本が気に入ると思います。

☐2. **I am sure that** you can do it.
きっと，あなたはそれができると思います。

☐3. **I'm sure that** the car is his.
私はその車は彼のものだと確信しています。

☐4. **I am sure that** he will come tomorrow.
私は明日，彼が来るだろうと確信しています。

☐5. **I am sure that** my teacher will come and see me.
私は先生が私に会いに来てくれるだろうと確信しています。

☐6. **I am glad that** she gave me some flowers.
彼女が私に花を与えてくれて，私はうれしいです。

☐7. **I am glad that** you helped my aunt.
あなたがおばを助けてくれて，私はうれしいです。

☐8. **I am glad that** my sister won the game.
姉[妹]が試合に勝って，私はうれしいです。

☐9. **I'm glad that** it doesn't snow today.
今日は雪が降らなくて，私はうれしいです。

☐10. **I'm glad that** I found my watch.
時計を見つけて，私はうれしいです。

① 日本文に合うように，（　　）内から適する語を選ぼう。

(1) 私は郵便局への行き方を知りたいです。

I want to know (how, where) to get to the post office.

(2) 彼女が私にアルバムを見せてくれて，私はうれしいです。

I'm (sure, glad) that she showed me her album.

(3) 机のそばにある箱を見て。

Look at the box (by, on) the desk.

② 日本文に合うように，（　　）内に適当な英語を入れよう。

(1) クミは何をしたらよいか理解していません。

Kumi doesn't understand (**what**)(**to**) do.

(2) その男性は私にどこで昼食を食べるのかたずねました。

The man asked me (**where**)(**to**) eat lunch.

(3) また彼に会いに来てください。

Please (**come**)(**and**) see him again.

(4) きっと，彼はうまく泳げると思います。

I (**am**)(**sure**) that he can swim well.

(5) あなたは何をさがしているのですか。

What are you (**looking**)(**for**) ?

(6) 私は自転車の乗りかたを知りません。

I don't know (**how**)(**to**) ride a bike.

❸ 日本文に合うように，（　　）内の語句を並べかえよう。

(1) 私はどこでチケットを買うのか知りたいです。

I want to know (a ticket / to / where / buy).

I want to know __where to buy a ticket__ .

(2) いつ行くのか私に教えてください。

Please show (to / me / go / when).

Please show __me when to go__ .

(3) あなたが私に英語を教えてくれて，私はうれしいです。

(taught / glad / am / that / I / you) me English.

__I am glad that you taught__ me English.

❹ 英文の意味を表す日本語を完成させよう。

(1) I don't know how to play the violin.

(バイオリンのひき方を) 私は知りません。

(2) Will you tell me when to leave home?

(いつ家を出発するのか) 私に教えてくれませんか。

(3) I am sure that my brother helps many people.

兄［弟］はたくさんの人々を助けると，(私は確信しています)。

❺ 日本語の意味を表す英文を書こう。

(1) あなたはこのコンピュータの使い方を知っていますか。

__Do you know how to use this computer?__

(2) クミがここに来てくれて，私はうれしいです。

__I am [I'm] glad that Kumi came here.__

Today's Point 5

⑦ **Could you tell me how to get to** Raffles Place Station?
——**Take** the East West Line.

⑦ ラッフルズ・プレイス駅への行き方を教えてください
ませんか。
——東西線に乗ってください。

解説⑦ 行き方をたずねる言い方

- 目的地までどのように行くかをたずねる言い方は〈**Could you tell me ...?**〉(…を教えてくださいませんか。)という表現のあとに〈**how to get to＋目的地**〉を続ける。

Could you tell me ┃ how to get to ┃ Raffles Place Station?
ていねいにたずねる表現　　「…への行き方」

●乗り物での行き方を教える：「…に乗っていきます」「…を乗りかえます」などの言い方

行き方をたずねられて，どの乗り物に乗って，どのように行くかを教えるときは**take**(…に乗る)や**change**(…を乗りかえる)を使う。なお，この意味でchangeを使う場合，目的語の名詞は複数形にする。

複数形
┃ **Take** ┃ the Downtown Line to Bugis, and ┃ **change** ┃ trains there.
「…に乗る」　　　　　　　　　　　　　　　「…を乗りかえる」
(ブギスまでダウンタウン線に乗って，そこで電車を乗りかえてください。)

電車を特定するには，**the ... Line**(…線)という言い方をする。

Take the Oedo Line .

（大江戸線に乗ってください。）

重要表現 •• 教科書p.81

◆**How long does it take?**　どのくらい時間がかかりますか。

目的地までの所要時間をたずねるときの言い方。takeは「（時間
などが）かかる」という意味。

答えるときには，It'll take ....と答える。It'llはIt willの短縮形。

How long does it take?

——It'll take about ten minutes.

（どのくらいかかりますか。——だいたい10分くらいです。）

◆**How many stops is ... from here?**

…はここからいくつめの駅ですか。

〈How many＋複数名詞〉で数をたずねるときの言い方。答える
ときにはThree stops.（3駅めです。）のように答える。

◆**Three stops.**　3駅めです

stopは「停留所，駅」という意味。

この駅 →→ 次の駅 →→ 次の次の駅 →→ 次の次の次の駅			
出発 →→	①駅 →→	②駅 →→	③駅
here	one stop	two stops	three stops

◆**I'd like to go to ...**　…まで行きたいです。

I'dはI wouldの短縮形である。would like toはwant toのていね
いな言い方。

◆**I'm sorry. I don't know.**　すみません。わかりません。

何かをたずねられたときなどに「わかりません」と答えるときの
表現。

◆**Will you tell me which train to take?**

どの列車に乗ればよいか教えてもらえませんか。

〈**Will you tell me ...?**〉は（…を教えてもらえませんか。）の意味
を表す。You should take the ... Line.（…線に乗ってください。）
のように答える。

◆**You should take the ... Line.**　…線に乗ってください。

shouldは「…すべきである」「…したほうがよい」という意味の助
動詞。

You should take a rest.（ひと休みしたほうがいいよ。）

You should not miss that movie.

（あの映画を見逃さないでください。）

◆**My pleasure.**　どういたしまして。

Thank you.（ありがとう。）などの礼を言われたときの返事。
pleasureは「楽しみ，喜び」という意味の名詞。

Thank you for your help.（手伝ってくれてありがとう。）

——**My pleasure.**（どういたしまして。）

the Oedo Line（大江戸線）などの路線名には，
必ず冠詞 the がつくことに注意しよう。

これが出る！ 定期テスト対策

① 正しい対話になるように，（　）内に入る文を下から選び，記号で答えよう。

A: Excuse me. I want to go to Bayfront. Which line should I take?

B: （　オ　）

A: How many stops is Bayfront from here?

B: （　ウ　）

A: How long does it take?

B: （　ア　）

A: Thank you very much.

B: （　エ　）

ア	It'll take about ten minutes.
イ	How much is the ticket?
ウ	Four stops.
エ	My pleasure.
オ	Take the Downtown Line.

② 日本文に合うように，（　）内に適当な英語を入れよう。

(1) すみません。わかりません。

　I'm (**sorry**). I don't (**know**).

(2) 北南線に乗ってください。

　(**Take**) the North South Line.

(3) 私は横浜まで行きたいです。

　I'd (**like**) (**to**) go to Yokohama.

→次ページに続きます。

❸ 日本文に合うように，( )内の語句を並べかえよう。

(1) ここから大阪はいくつめの駅ですか。

(is / many / how / stops) Osaka from here?

<u>How many stops is</u> Osaka from here?

(2) 私はここからどの線に乗ればいいですか。

(take / I / line / should / which) from here?

<u>Which line should I take</u> from here?

(3) どの列車に乗ればよいか教えてもらえますか。

(train / will / tell / you / which / me) to take?

<u>Will you tell me which train</u> to take?

(4) 大江戸線に乗ってください。

(Line / take / Oedo / the).

<u>Take the Oedo Line</u>.

(5) その駅で乗りかえてください。

Please (station / at / trains / the / change).

Please <u>change trains at the station</u>.

❹ ( )内の語を使って，日本語の意味を表す英文を書こう。

(1) 東京への行き方を教えていただけませんか。(tell)

<u>Could you tell me how to get to Tokyo?</u>

(2) 銀座線に乗ってください。(the Ginza Line)

<u>Take the Ginza Line.</u>

(3) どのくらい時間がかかりますか。(take)

<u>How long does it take?</u>

Scene 1 比較級, 最上級

<table>
<tr><td rowspan="4">Key
Sentence
20</td><td>㉓</td><td>This movie is old**er than** that one.</td></tr>
<tr><td>㉔</td><td>This movie is **the** old**est** of the three.</td></tr>
<tr><td>㉓</td><td>この映画はあの映画よりも古いです。</td></tr>
<tr><td>㉔</td><td>この映画は３本の中でいちばん古いです。</td></tr>
</table>

解説㉓ 形容詞の比較級を使った文：「～よりも…」という言い方

• ２つのものや人を比較して「(一方が他方)よりも…」と言うときは、〈形容詞の比較級＋**than**〉を使う。比較級は形容詞の語尾に**er**または**r**をつける。**than**は「～よりも」の意味。

「古い」　　　This movie is <u>old</u>.

「～よりも古い」 This movie is | **older** | **than** that one.
　　　　　　　　　　　　...er　　「～よりも」

解説㉔ 形容詞の最上級を使った文：「いちばん…」という言い方

• ３つ以上のものや人を比べて「いちばん…」と言うときは、〈**the**＋形容詞の最上級〉を使う。最上級は前に**the**を置き、形容詞の語尾に**est**または**st**をつける。

「古い」　　　This movie is <u>old</u>.

「いちばん古い」 This movie is | **the oldest** | of the three.
　　　　　　　　　　〈the＋...est〉「～の中で」

●副詞の比較級・最上級

副詞の比較級も，副詞の語尾にerまたはrをつける。また，
副詞の最上級も，副詞の語尾にestまたはstをつける。

Ken runs 【faster】 than Goro.
      ...er   「〜よりも」
（ケンはゴロウよりも速く走ります。）

Ken runs 【the fastest】 in his class.
     〈the＋...est〉 「〜の中で」
（ケンは彼のクラスでいちばん速く走ります。）

CHART & CHECK 〈比較級，最上級のつくり方〉

er，est をつける	old（古い）—**older**—**oldest** fast（速く）—**faster**—**fastest**
r，st をつける	large（大きい）—**larger**—**largest**
語尾の文字を重ねて er，est をつける	big（大きい）—**bigger**—**biggest** hot（暑い）—**hotter**—**hottest**
語尾の y を i にかえて er，est をつける	easy（やさしい）—**easier**—**easiest** early（早く）—**earlier**—**earliest**

重要表現 ･････････････････････････････････ 教科書p.84〜p.85

◆**the Statue of Liberty** 自由の女神像

StatueとLibertyはそれぞれ大文字ではじめる。

◆***Shin Godzilla*** 「シン・ゴジラ」

タイトル名や書名・作品名などは，イタリック体にする。

例：***My Neighbor Totoro*** 「となりのトトロ」

Key Sentenceチェック

★Key Sentenceの用例をたくさん覚えよう。

☐1. This dictionary is **older than** that one.
この辞書はあの辞書よりも古いです。

☐2. Alex is **taller than** Mike.
アレックスはマイクよりも背が高いです。

☐3. My dog is **bigger than** yours.
私のイヌはあなたのよりも大きいです。

☐4. This quiz is **easier than** that one.
このクイズはあのクイズよりも簡単です。

☐5. I get up **earlier than** my sister.
私は私の姉[妹]よりも早く起きます。

☐6. This river is **the longest in** Japan.
この川は日本でいちばん長いです。

☐7. This park is **the largest in** our city.
この公園は私たちの市でいちばん広いです。

☐8. This pencil is **the shortest of** all.
このえんぴつはすべての中でいちばん短いです。

☐9. That mountain is **the highest in** my country.
あの山は私の国でいちばん高いです。

☐10. Ken swims **the fastest of** the three.
ケンは3人の中でいちばん速く泳ぎます。

☐11. Akira goes to bed **the earliest in** his family.
アキラは彼の家族の中でいちばん早く寝ます。

☐12. Is this car **newer than** that one?
この車はあの車より新しいですか。

Scene 2　比較級，最上級

㉕　This movie is **more** interesting **than** that one.
㉖　This movie is **the most** interesting this year.

㉕　この映画はあの映画よりもおもしろいです。
㉖　この映画は今年いちばんおもしろいです。

解説㉕▶ 比較的つづりの長い形容詞・副詞の比較級

- interestingのように，比較的つづりが長い形容詞・副詞の比較級は，前に**more**をつけて表す。

「おもしろい」　　　This movie is interesting.

↓

「〜よりもおもしろい」 This movie is │ **more interesting** │ than
　　　　　　　　　　　　〈 more＋形容詞 〉　　　「〜よりも」

that one.

解説㉖▶ 比較的つづりの長い形容詞・副詞の最上級

- interestingのように，比較的つづりが長い形容詞・副詞の最上級は，前に**the most**をつけて表す。

「おもしろい」　　　　This movie is interesting.

↓

「いちばんおもしろい」 This movie is │ **the most interesting** │
　　　　　　　　　　　　　〈 the most＋形容詞 〉

this year.

●**more, mostをつける形容詞・副詞**

〈形容詞〉 **beautiful**（美しい）　　　　**difficult**（難しい）

exciting（興奮させる）　　**famous**（有名な）

important（重要な）　　　**popular**（人気のある）

など

〈副詞〉　**easily**（簡単に，容易に）　　**carefully**（注意深く）など

最上級の文では，in ...やof ...がよく使われる。

CHART & CHECK		
	in ＋場所や範囲を表す語句	**in** the class（クラスで） **in** my family（私の家族で） **in** this city（この市で） **in** Japan（日本で）
	of ＋複数を表す語句	**of** the three（3つの中で） **of** all animals（全ての動物の中で） **of** all（全ての中で） **of** us（私たちの中で）

重要表現 ・・・・・・・・・・・・・・・・・・・・・・・・・・・・ 教科書p.86 ～ p.87

◆**What kind of ～ do you ...?**

あなたはどんな種類の～を…しますか。

kindには「やさしい」以外に「種類」という意味がある。

What kind of sports **do you** like?

（あなたはどんな種類のスポーツが好きですか。）

◆**比較級＋than other ...**　他の…よりも～

This pen is **longer than other** pens.

（このペンはほかのペンよりも長いです。）

Key Sentenceチェック

★Key Sentenceの用例をたくさん覚えよう。

☐1. This book is **more interesting than** that one.
　　この本はあの本よりもおもしろいです。

☐2. This problem is **more difficult than** that one.
　　この問題はあの問題よりも難しいです。

☐3. Soccer is **more popular than** baseball in this country.
　　この国ではサッカーは野球よりも人気があります。

☐4. His song was **more wonderful than** mine.
　　彼の歌は私のよりもすばらしかったです。

☐5. That picture is **more beautiful than** this one.
　　あの絵はこの絵よりも美しいです。

☐6. She used this computer **more easily than** Ken.
　　彼女はケンよりも容易にこのコンピュータを使いました。

☐7. This mountain is **the most famous in** Japan.
　　この山は日本でいちばん有名です。

☐8. This boy is **the most popular in** his school.
　　この男の子は彼の学校でいちばん人気があります。

☐9. Do you think water is **the most important of** all?
　　あなたは水は全ての中でいちばん大切だと思いますか。

☐10. This place is **the most beautiful in** my town.
　　この場所は私の町でいちばん美しいです。

☐11. This food is **the most delicious of** all.
　　この食べ物は全ての中でいちばんおいしいです。

Read and Think 1 　betterとbest

Key Sentence 22

㉗　I like animated movies **the best** of all.

㉗　私は全ての中でアニメ映画がいちばん好きです。

解説㉗　goodの比較級と最上級

• goodの比較級は**better**，最上級は**best**と表す。

〈goodを使った文〉 He is a good student.（彼はよい生徒です。）
　　　　　　　　　　　　「よい」

〈betterを使った文〉 His guitar is | better | than mine.
　　　　　　　　　　　　goodの比較級「よりよい」
　　　　　　　　　　（彼のギターは私のものよりもよいです。）

〈bestを使った文〉 I think this is | the best | movie.
　　　　　　　　　　　　goodの最上級「いちばんよい」

　　　　　　　　（私はこれがいちばんよい映画だと思います。）

● 〈the best ...〉と〈my best ...〉

形容詞の最上級の前にはtheが必要なので，the best ...と表す。
しかし，bestの前にmyやyourなど「…の」を表す語がつくときは，
theはつけない。

She is | the | best tennis player.
　　　　形容詞の最上級の前にはtheが必要
（彼女はいちばんすぐれたテニス選手です。）

Miho is | my | best friend.
　　　　前にmyやyourなどがつくときはtheは必要ない
（ミホは私のいちばんの友達です。）

●well, very muchの比較級と最上級

well，very muchの比較級は**better**，最上級は**best**と表す。

Meg sings | better | than Ken.
      wellの比較級

（メグはケンよりもじょうずに歌います。）

Alex sings the | best | of all.
      wellの最上級

（アレックスはみんなの中でいちばんじょうずに歌います。）

●〈like ... better than 〜〉と〈like ... the best〉

「〜よりも…が好きだ」は〈like ... better than 〜〉，

「…がいちばん好きだ」は〈like ... the best〉で表す。

CHART & CHECK

原級	比較級	最上級
good（よい）		
well（よく）	**better**	**best**
very much（とても）		

重要表現 ・・教科書p.88 〜 p.89

◆**as for ...**　…について言えば

As for me, I don't like that actor.

（私について言えば，あの俳優は好みではありません。）

◆**... such as 〜**　〜のような…

I want to eat fruits **such as** bananas and oranges.

（バナナやオレンジのような果物が食べたいです。）

◆**as a result (of ...)**　（…の）結果として

asは「…として」という意味。

As a result of the research, I found this flower is the best.

（調査の結果として，私はこの花がいちばんよいとわかりました。）

100

◆**more than ...**　…より多い

数字の前に用いる。

He has **more than** two cars.

（彼は車を2台より多く持っています。）

Key Sentence チェック

★Key Sentenceの用例をたくさん覚えよう。

□1.　Life in Italy will become **better** for Kumi.
　　　イタリアでの生活はクミにとってよりよくなるでしょう。

□2.　This shirt is **better than** that one.
　　　このシャツはあのシャツよりもよいです。

□3.　Ann is my **best** friend.
　　　アンは私の親友です。

□4.　Ken is **the best** soccer player.
　　　ケンはいちばんすぐれたサッカー選手です。

□5.　Fall is **the best** season for a sports day.
　　　秋は運動会にいちばんよい季節です。

□6.　I **like** tigers **better than** lions.
　　　私はライオンよりもトラが好きです。

□7.　Becky **likes** sushi **better than** tempura.
　　　ベッキーはてんぷらよりもすしが好きです。

□8.　I **like** blue **the best of** all colors.
　　　私は全ての色の中で青がいちばん好きです。

□9.　Ken **likes** the music **the best of** all.
　　　ケンは全ての中でその音楽がいちばん好きです。

Read and Think 2　as＋原級＋as

Key Sentence 23

㉘　This movie is **as** popular **as** that one.

㉘　この映画はあの映画と同じくらい人気があります。

解説㉘　〈as＋形容詞・副詞の原級＋as 〜〉：「〜と同じくらい…」
という言い方

• 「〜と同じくらい…」と言うときは，〈as＋形容詞の原級＋as 〜〉
〈as＋副詞の原級＋as 〜〉を使う。

〈形容詞〉 This movie is as popular as that one.
原級

Kumi is as tall as Becky.
原級

（クミはベッキーと同じくらいの背の高さです。）

〈副詞〉 Miho swims as fast as Yuji.
原級

（ミホはユウジと同じくらい速く泳ぎます。）

Emi gets up as early as Yuki.
原級

（エミはユキと同じくらい早く起きます。）

● 〈not as ... as 〜〉：「〜ほど…ではない」という言い方

〈as＋形容詞・副詞の原級＋as 〜〉の否定文〈not as ... as 〜〉は
「〜ほど…ではない」という意味になる。

この否定表現は，単に「同じではない」という意味だけではなく，
「どちらがより…なのか」という上下や優劣にも言及した表現であ
る点に注意。

Ken is as old as Ben. → ケンの年齢＝ベンの年齢
（ケンはベンと同じ年齢です。）

Ken is **not as** old **as** Ben. → ケンの年齢＜ベンの年齢

（ケンはベンほど年をとっていません。）

＝Ben is older than Ken. → ケンの年齢＜ベンの年齢

（ベンはケンよりも年上です。）

＝Ken is younger than Ben. → ケンの年齢＜ベンの年齢

（ケンはベンよりも若いです。）

重要表現 ••教科書p.90〜p.91

◆**feel like ...ing**　…したい気がする

このlikeは「好き」ではなく「…のような」の意味。

I **felt like walking** to the sea.

（私は海まで歩きたい気がしました。）

◆**talk about ...**　…について話す

talk to（…に話しかける），talk with（…と話す）などといっしょに覚えよう。

Let's **talk about** the movie tomorrow.

（明日その映画について話しましょう。）

比較しよう　She talked to the boy by the window.
（彼女は窓のそばの男の子に話しかけました。）

I like to talk with my sister.
（私は姉［妹］と話すのが好きです。）

103

★Key Sentenceの用例をたくさん覚えよう。

☐1. This book is **as interesting as** that one.
この本はあの本と同じくらいおもしろいです。

☐2. This problem is **as difficult as** that one.
この問題はあの問題と同じくらい難しいです。

☐3. John is **as tall as** Ken.
ジョンはケンと同じくらいの身長です。

☐4. Yuki is **as old as** your sister.
ユキはあなたのお姉さん[妹さん]と同じ年です。

☐5. This picture is **as beautiful as** that one.
この絵はあの絵と同じくらい美しいです。

☐6. My dog is **not as big as** yours.
私のイヌはあなたのイヌほど大きくありません。

☐7. This song **isn't as famous as** that one.
この歌はあの歌ほど有名ではありません。

☐8. Hiroshi ran **as fast as** Ken.
ヒロシはケンと同じくらい速く走りました。

☐9. Miki speaks English **as well as** Kumi.
ミキはクミと同じくらい上手に英語を話します。

☐10. I want to make dinner **as easily as** my mother.
私は私の母と同じくらい簡単に夕食を作りたいです。

☐11. Ann gets up **as early as** her father.
アンは彼女のお父さんと同じくらい早く起きます。

☐12. Becky **doesn't** study Japanese **as hard as** Alex.
ベッキーはアレックスほど熱心に日本語を勉強しません。

これが出る！ 定期テスト対策

1 日本文に合うように，（　　）内から適する語や語句を選ぼう。

(1) エミはあなたよりも背が高いです。

Emi is ((taller,) tallest) than you.

(2) このネコは 4 ひきの中でいちばん小さいです。

This cat is the (smaller, (smallest)) of the four.

(3) この公園は私の町でいちばん有名です。

This park is the (more famous, (most famous)) in my town.

2 次の英文を〔　　〕内の指示に従って書きかえよう。

(1) This box is big.

〔あとにthan that oneを加えて比較級の文に〕

→This box is (**bigger**)(**than**) that one.

(2) Your quiz is easy.

〔あとにof the threeを加えて最上級の文に〕

→Your quiz is (**the**)(**easiest**) of the three.

(3) Your music is beautiful.

〔あとにthan this oneを加えて比較級の文に〕

→Your music is (**more**)(**beautiful**) than this one.

(4) His song is popular.

〔あとにin Japanを加えて最上級の文に〕

→His song is the (**most**)(**popular**) in Japan.

(5) This is a good soccer team.

〔あとにin the worldを加えて最上級の文に〕

→This is the (**best**) soccer team in the world.

→次ページに続きます。

❸ 日本文に合うように，(　　)内の語を並べかえよう。

(1) あなたの自転車は私のよりも速く走ります。

Your bike (faster / mine / runs / than) .

Your bike __runs faster than mine__ .

(2) 彼女の物語は全ての中でいちばんおもしろいです。

Her story is (of / the / interesting / most) all.

Her story is __the most interesting of__ all.

(3) 私はケンと同じくらい早く駅に着きました。

I got to the station (early / Ken / as / as) .

I got to the station __as early as Ken__ .

❹ 英文の意味を表す日本語を完成させよう。

(1) August is the hottest month in this country.

この国では8月が(いちばん暑い)月です。

(2) This is the best idea.

これは(いちばんよい考え)です。

(3) This bag isn't as new as that one.

このカバンは(あのカバンほど新しくありません)。

❺ 日本語の意味を表す英文を書こう。

(1) 私は家族でいちばん背が高いです。

__I am [I'm] the tallest in my family.__

(2) このギターはあのギターと同じくらい古いです。

__This guitar is as old as that one [guitar].__

Let's Talk 4

買い物 —申し出る・要望を伝える—

Today's Point 6

⑧ **Shall I** show you a bigger one? ——Yes, please.

---

⑧ もう少し大きいものを出しましょうか。
——はい，お願いします。

解説⑧ ▷ **Shall I ...? :** 「…しましょうか。」という言い方

• 相手の意志をたずねて「(私が)…しましょうか。」と言うときは，〈Shall I ...?〉を使う。

申し出を受けるときは**Yes, please.**（はい，お願いします。），断るときは**No, thank you.**（いいえ，けっこうです。）と答える。

$\boxed{\text{Shall I}}$ show you a bigger one?
「…しましょうか」
——Yes, please.（はい，お願いします。）
申し出に応じるとき
——No, thank you.（いいえ，けっこうです。）
申し出を断るとき

重要表現 ･･･････････････････････････････････ 教科書p.93

◆**How about ...?** …はいかがでしょうか。

How about this sweater?

（このセーターはいかがでしょうか。）

◆**May I help you?** いらっしゃいませ。

要望を伝えるときは，**Yes, I'm looking for ....**（はい，…をさがしています。）などと言い，断るときは，**I'm just looking. Thank you.**と言えばよい。

May I help you?——I'm just looking. Thank you.

（いらっしゃいませ。　——ちょっと見ているだけです。
ありがとう。）

◆**How much ...?**　…はいくらですか。

How much is it? ——It's sixty dollars.

（それはいくらですか。　——60ドルです。）

◆**I'll take it.**　それをください。

買うものが決まったときによく使う言い方。

◆**too ...**　…すぎる

このtooは「あまりにも，…すぎる」という意味を表す。

It's **too** big for me.（私には大きすぎます。）

◆**Can I try this on?**　試着してもよいですか。

◆**Do you have anything a little cheaper?**

もう少し安いものはありますか。

a little cheaperがanythingをうしろから修飾している。

◆**Do you have this in blue?**　青いものはありますか。

◆**I need to think about it.**　もう少し考えてみます。

◆**It looks nice on you.**　お似合いです。

〈look＋形容詞〉で「…に見える」の意味を表す。

◆**What size[color] are you looking for?**

どういうサイズ［色］をおさがしですか。

サイズにはsmall（小），medium（中），large（大）などがある。

What size are you looking for? ——Small.

（サイズはおいくつですか。　——小です。）

定期テスト対策

① 日本文に合うように, ( )内から適する語を選ぼう。

(1) もう少し大きいものを出しましょうか。

(May, (Shall)) I show you a bigger one?

(2) それをください。

I'll ((take,) help) it.

(3) お似合いです。

It ((looks,) sees) nice on you.

② 日本文に合うように, ( )内に適する語を書こう。

(1) 窓をあけましょうか。

——はい, お願いします。

(**Shall**)(**I**) open the window?

——Yes, (**please**).

(2) どの色をおさがしですか。

(**What**)(**color**) are you looking for?

(3) このノートはいくらですか。 ——100円です。

(**How**)(**much**) is this notebook?

——It's 100 yen.

(4) そのTシャツは小さすぎます。

The T-shirt is (**too**) small.

(5) 試着してもよいですか。

Can I (**try**) this (**on**)?

→次ページに続きます。

3 日本文に合うように，(　　)内の語を並べかえよう。

(1) あなたたちに昼食を作りましょうか。

(for / I / shall / lunch / you / make)?

　Shall I make lunch for you　　　　　　　　　　　　　?

(2) もう少し安いものはありますか。

Do you have (a / cheaper / little / anything)?

Do you have　anything a little cheaper　　　　　　　?

(3) いらっしゃいませ。

(help / may / you / I)?

　May I help you　　　　　　　　　　　　　　　　　?

4 英文の意味を表す日本語を完成させよう。

(1) What size are you looking for?

(どのサイズ)をおさがしですか。

(2) I'm just looking.

(ちょっと見ているだけ)です。

5 (　　)内の語句を使って，日本語の意味を表す英文を書こう。

(1) あなたの部屋をそうじしましょうか。(I)

　Shall I clean your room?

(2) 私はかばんをさがしています。(a bag)

I am [I'm] looking for a bag.

Scene 1 受け身

Key
Sentence
24

㉙ This place **is selected** as a World Heritage site.

㉙ この場所は世界遺産に選ばれています。

解説㉙ **受け身の文：「…されます」などの言い方**

• 「…されます」や「…されています」という受け身の言い方は，
〈be動詞＋過去分詞〉の形を使う。過去分詞は動詞の変化形の1
つで，多くは過去形と同じ…edの形になる。

〈ふつうの文〉 We select this place as a World Heritage site.

〈受け身の文〉 This place is selected as a World Heritage site.
〈be動詞＋過去分詞〉

be動詞は，主語によって**am, are, is**を使い分ける。動詞には，
found(←find), **brought**(←bring)などの過去分詞のように，
不規則に変化する動詞もある。

CHART
&
CHECK

原則	語尾にedを つける	play − **played** − **played** watch − **watched** − **watched**
eで終わる 動詞	語尾にdを つける	use − **used** − **used** live − **lived** − **lived**
「子音字+y」で 終わる動詞	yをiにかえて edをつける	study − **studied** − **studied**

＊d, edの発音は[d ド]，[t ト]，[id イド]。

●過去の受け身の文：「…されました」などの言い方

「…されました」や「…されていました」と過去のことを表すときには，〈be動詞＋過去分詞〉のbe動詞を**was**か**were**にする。

〈過去の文〉　　He brought this book yesterday.

〈受け身の文〉　This book was brought yesterday.
　　　　　　　　　　　〈be動詞＋過去分詞〉

（この本は昨日持ってこられました。）

●否定文：「…されません」などの言い方

「…されません」や「…されませんでした」はam, are, is, was, wereのあとにnotを置き，〈be動詞＋**not**＋過去分詞〉の形を使う。

This painting is not loved in your country.
　　　　　　　　isのあとにnot

（この絵はあなたの国では愛されていません。）

重要表現 ・・・・・・・・・・・・・・・・・・・・・・・・・・・・・・・・・・・・・ 教科書p.105 〜 p.107

◆**own**　自分自身の，独自の

myやhisなどの所有格（〜の）のうしろに置いて意味を強める。

This is his **own** bike.（これは彼自身の自転車です。）

◆**all over ...**　…のいたるところに［で，の］

The singer is popular **all over** America.

（その歌手はアメリカのいたるところで人気があります。）

Key Sentenceチェック

★Key Sentenceの用例をたくさん覚えよう。

□1.　This car **is used** every day.
　　　この車は毎日使われています。

□2.　The animal **is loved** in the country.
　　　その動物はその国で愛されています。

□3.　Her books **are loved** all over the world.
　　　彼女の本は世界中で愛されています。

□4.　I **am liked** in my class.
　　　私はクラスで好かれています。

□5.　This computer **is used** at my school.
　　　このコンピュータは私の学校で使われています。

□6.　This shop **was opened** at nine yesterday.
　　　この店は昨日9時に開店しました。

□7.　A glass of milk **was brought** to me.
　　　1杯の牛乳が私に持ってこられました。

□8.　That picture **was found** here.
　　　あの写真はここで見つけられました。

□9.　Chinese **is used** in China.
　　　中国語は中国で使われています。

□10.　The small car **is not liked** in my city.
　　　その小さい車は私の市では好まれていません。

□11.　That building **is not used** now.
　　　あの建物は現在利用されていません。

□12.　This book **is not translated** in my country.
　　　この本は私の国では翻訳されていません。

Scene 2　受け身の疑問文

㉚ **Are** the mountains **listed** as a natural heritage site?
　——Yes, they **are**. / No, they **are not**.

㉚ その山々は自然遺産の地域として登録されています
か。
　——はい，そうです。 / いいえ，そうではありません。

解説㉚ ▷ 受け身の疑問文：「…されますか」などという言い方と答え方

● 「…されますか」や「…されましたか」とたずねるときは，be動詞
を主語の前に出す。答えるときは，Yes / Noとis, am, areや
was, wereを使う。

〈肯定文〉　The mountains are listed as a natural heritage site.

〈疑問文〉　 Are the mountains listed as a natural heritage site?
　　　　　　主語の前に

〈答え方〉　——Yes, they are . / No, they are not .
　　　　　　　　　　　　　　　　　　　　（=aren't）

〈肯定文〉　　　　These cakes were made in the kitchen.
　　　　　　　　　　　　　　　（これらのケーキは台所で
　　　　　　　　　　　　　　　　作られました。）

〈疑問文〉　 Were these cakes made in the kitchen?
　　　　　　主語の前に

〈答え方〉　——Yes, they were . / No, they were not .
　　　　　　　　　　　　　　　　　　　　（=weren't）

（これらのケーキは台所で作られましたか。
　——はい，作られました。 / いいえ，作られませんでした。）

114

●**疑問詞がある受け身の文：「いつ」「どこで」とたずねるとき**

「いつ…されますか」や「どこで…されましたか」などとたずねるときは，**when**や**where**などで文をはじめる。そのあとは受け身の疑問文の語順にする。

| When | are they used?

〈疑問詞＋be動詞＋主語＋過去分詞〉

（それらはいつ使われますか。）

| Where | was this book found?

〈疑問詞＋be動詞＋主語＋過去分詞〉

（この本はどこで見つかりましたか。）

重要表現 ･･････････････････････････････････････ 教科書p.108 ～ p.109

◆**look ...**　…に見える

この**look**は「…に見える」という意味を表す。look at(…を見る)，look for(…をさがす)とともに覚えておこう。

He **looked** tired today.

（彼は今日，疲れたように見えました。）

◆**because of ...**　…のために

becauseのあとは文が続くが，**because of**のあとは名詞が続く。

I couldn't go there **because of** snow.

（雪のため，私はそこへ行くことができませんでした。）

★Key Sentenceの用例をたくさん覚えよう。

□1. **Was** this table **made** 100 years ago?

　　　——Yes, it was.

　　　　No, it wasn't.

　　　このテーブルは100年前に作られましたか。

　　　——はい，作られました。

　　　　いいえ，作られませんでした。

□2. **Were** these dishes **washed** yesterday?

　　　——Yes, they were.

　　　　No, they weren't.

　　　これらのお皿は昨日洗われましたか。

　　　——はい，洗われました。

　　　　いいえ，洗われませんでした。

□3. **Where is** Chinese **used**?

　　　中国語はどこで使われていますか。

□4. **When was** the book **borrowed**?

　　　その本はいつ借りられましたか。

□5. **What is cooked** for breakfast every morning?

　　　毎朝，朝食に何が作られますか。

□6. **Why was** the place **listed**?

　　　なぜその場所は登録されたのですか。

□7. **Where was** this box **found**?

　　　この箱はどこで見つけられたのですか。

Read and Think 1　byつきの受け身

Key Sentence 26

㉛　The city **is visited by** too many tourists.

㉛　その市にはあまりにも多くの観光客が訪れています。

解説㉛ ▶ byつきの受け身

• 「…に（よって）」と，動作や行為を行う人を明示する場合は
〈**by**＋人〉の形で文の終わりのほうに置く。

〈ふつうの文〉 Too many tourists visit the city.

〈受け身の文〉 The city │is visited│ by too many tourists.
└「…によって」

byのあとに代名詞がくる場合は**him, her**など「…を，…に」の形
にする。

〈ふつうの文〉 He uses these pens.

〈受け身の文〉 These pens │are used│ by him .
（これらのペンは彼によって使われます。）

●by ...を省略するとき

明らかに動作や行為を行う人がだれなのかわかっていて，あらた
めて示す必要のない場合などは省略することが多い。

〈ふつうの文〉 We　　　use　　 Japanese in Japan.

〈受け身の文〉 Japanese │is used│ ┆ ┆ in Japan.
行為者は省略
（日本では日本語が使われています。）

◆**one of ...** …の1つ，1人

　　one ofのあとには複数名詞を置く。

　　Kyoto is **one of** the oldest cities in Japan.

　　（京都は日本で最も古い都市の1つです。）

◆**the Rialto Bridge** リアルト橋

　　一部の固有名詞（橋や川，運河の名称など）にはtheをつける。

　　例：the Grand Canal 大運河

◆**first, ... second, ...** まず最初に…2番めに…

　　具体例などを並べるときに用いる。

◆**too many ...** あまりにもたくさんの…

　　There are **too many** people in the gym.

　　（あまりにもたくさんの人々が体育館にいます。）

Key Sentenceチェック

★Key Sentenceの用例をたくさん覚えよう。

□1.　He **is loved by** his friends.
　　　彼は友達に愛されています。

□2.　This movie **is watched by** boys.
　　　この映画は男の子たちに見られています。

□3.　Tokyo **is visited by** many people.
　　　東京には多くの人々が訪れます。

□4.　These computers **are used by** my father.
　　　これらのコンピュータは父によって使われています。

☐5. These cups **are used by** my family.
これらのカップは私の家族に使われています。

☐6. The children **are liked by** them.
その子供たちは彼らに好かれています。

☐7. The gym **was cleaned by** some students.
体育館は数人の生徒によってそうじされました。

☐8. These books **were loved by** many children.
これらの本は多くの子供たちに愛されました。

☐9. This room **isn't cleaned by** students.
この部屋は生徒たちによってそうじされません。

☐10. This way **wasn't brought** from foreign countries.
この方法は外国からもたらされたのではありませんでした。

☐11. I **wasn't helped by** my sister.
私は姉[妹]に手伝ってもらいませんでした。

☐12. These bikes **weren't used by** them yesterday.
これらの自転車は昨日，彼らに使われませんでした。

☐13. English **is used** in Singapore.
英語はシンガポールで使われています。

☐14. **Was** the car **made** in Japan?
その車は日本で作られましたか。

☐15. When **was** this book **translated by** him?
この本はいつ彼によって翻訳されましたか。

Read and Think 2　助動詞つきの受け身

㉜　Mt. Fuji **can be seen** from different angles.

㉜　富士山はいろいろな角度から見られます。

解説㉜ ▶ 助動詞つきの受け身〈助動詞＋be動詞＋過去分詞〉

- will, can, mustといった助動詞つきの受け身は〈助動詞＋be＋過去分詞〉で表す。助動詞のうしろの動詞は原形になるため，be動詞はbeになります。

〈受け身の文〉　　　　　　Mt. Fuji is seen from different angles.

〈助動詞つきの受け身の文〉 Mt. Fuji can be seen from different angles.

重要表現 ●● 教科書p.112 〜 p.114

◆Mt. ... …山

Mountの略。山の名前につけ，Mtのあとにピリオドをつける。

Mt. Fuji is higher than Mt. Aso.

（富士山は阿蘇山よりも高い。）

◆for one thing 1つには

複数ある理由の1つめを述べるときに用いる。

◆for another 別の理由としては

for one thingのあとに用いて，別の理由を述べる。

◆yourself あなた自身，自ら

主語の意味を強める。主語がIのときはmyself，heのときはhimselfというように主語に合わせた形を用いる。

You must answer the question **yourself**.

（あなたは，あなた自身でその質問に答えなければなりません。）

Key Sentenceチェック

★Key Sentenceの用例をたくさん覚えよう。

□1. The car **will be cleaned** by my children.
その車は私の子供たちによって洗われるでしょう。

□2. The baseball game **will be watched** tomorrow.
野球の試合は明日見られるでしょう。

□3. They **will be helped** by many college students.
彼らはたくさんの大学生によって助けられるでしょう。

□4. These books **will be borrowed** next week.
これらの本は来週借りられるでしょう。

□5. This park **will be visited** by young people.
この公園は若い人々によって訪れられるでしょう。

□6. The room **must be used** by the doctor.
その部屋はその医者によって使用されなければなりません。

□7. This shop **must be opened** at seven tomorrow.
この店は明日7時に開けなければなりません。

□8. The letter **must be translated** in French.
その手紙はフランス語に翻訳されなければなりません。

□9. That picture **can be seen** by students.
あの絵は生徒たちによって見られます。

❶ 日本文に合うように，（　　）内から適する語や語句を選ぼう。

(1)　この動物はこの動物園で愛されています。

This animal is (loves, (loved)) in this zoo.

(2)　この部屋は彼女によってそうじされました。

This room was cleaned by (she, (her)) .

(3)　私の家から富士山が見られます。

Mt. Fuji can (is, (be)) seen from my house.

❷ 次の英文を〔　　〕内の指示に従って書きかえよう。

(1)　The cat is helped by her. 〔否定文に〕

→The cat (**isn't**) (**helped**) by her.

(2)　My notebook was found over there. 〔疑問文に〕

→(**Was**) my notebook (**found**) over there?

(3)　Ken likes that singer. 〔受け身の文に〕

→That singer (**is**) (**liked**) by Ken.

(4)　They watched the movie. 〔受け身の文に〕

→The movie (**was**) (**watched**) by (**them**) .

(5)　The room is cleaned by my mother. 〔willを加えた文に〕

→The room will (**be**) cleaned by my mother.

❸ 日本文に合うように，（　　）内の語を並べかえよう。

(1)　このセーターは私の姉によって作られました。

This sweater (made / by / was / my sister) .

This sweater　**was made by my sister**　　　　.

(2) この自転車はケンによって使われますか。

(this bike / by / is / used) Ken?

<u>Is this bike used by</u> Ken?

(3) 星は夜に見られます。

(be / stars / seen / can) at night.

<u>Stars can be seen</u> at night.

④ 英文の意味を表す日本語を完成させよう。

(1) These books weren't translated by him.

これらの本は(彼によって翻訳されませんでした)。

(2) When was the house built?

その家は(いつ建てられましたか)。

(3) The place will be visited by a lot of people.

その場所は(たくさんに人々によって訪れられるでしょう)。

⑤ 日本語の意味を表す英文を書こう。

(1) その車は彼によって洗われます。

<u>The car is washed by him.</u>

(2) この図書館はいつ開かれますか。

<u>When is this library opened?</u>

⑨ **Do you want to go with me?**
——I'd like to, but I can't.

⑨ 私といっしょに行きませんか。
——行きたいのですが，できないのです。

解説⑨ **Do you want to ...?：「…しませんか」という言い方**

- だれかを誘ったりするときに「…しませんか」というときはDo you want to...?を使う。

  誘いを受けるときは**OK, let's.**（いいですよ，しましょう。），断るときは**I'd like to, but I can't.**（行きたいのですが，できないのです。）と答える。

  Do you want to go with me?
  「…しませんか」

  ——OK, let's.（いいですよ，しましょう。）
  誘いに応じるとき

  ——I'd like to, but I can't.（行きたいのですが，できないのです。）
  誘いを断るとき

重要表現 ・・教科書p.115

◆**Hello?**　（電話で）もしもし

電話で「もしもし」と言うときは，**Hello?**を使う。

◆**This is ....**　（電話で）こちらは…です。

◆**What's up?**　どうしたのですか。

電話や人と会ったときのあいさつなどとして使う。

◆**Can you come?** 　来ることができますか。

◆**We're thinking of ....** 　私たちは…をする予定です。

「私たちは…のことを考えているところです。」から「私たちは…する予定です。」の意味につながる。

◆**Will you join us?** 　ごいっしょしませんか。

Will you...?で「…しませんか，…してくれませんか」という意味。

◆**Maybe some other time.** 　また別の機会に。

誘いに対して都合がつかずに断るときなどに使う。「また今度，次の機会に」というような意味を表す。

◆**I'm afraid I can't ....** 　残念ですが…できません。

◆**May I speak to ..., please?** 　…をお願いします。

電話で「…をお願いします」と言うときの表現。

May I speak to Meg, please?

（メグさんをお願いしたいのですが。）

◆**I'll call back later.** 　かけ直します。

電話をして話したい相手が留守だったときの表現。**later**は「のちに，あとで」という意味。

◆**Do you want him / her to call you back?**

折り返しお電話しますか。

電話に出て，相手の話したい人が留守のときに「（人）にあとで電話をかけさせましょうか」と申し出るときは〈**want**＋（人）＋**to**＋動詞の原形〉の表現を使う。**to**以下の動作を行うのは，**want**のあとにくる人になる。

◆**Sorry, but he's / she's out right now.**

あいにく留守です。

この**out**は「外出して」の意味で，**right now**は「ちょうど今，ただ今」の意味。

① 正しい対話になるように，（　　）内に入る文を下から選び，記号で答えよう。

(1) A: May I speak to Alex, please?

B: (　イ　)

(2) A: Do you want to go to the mountain?

B: (　エ　)

ア　OK. I'll call back later.

イ　Sorry, but he's out right now.

ウ　What's up?

エ　I'd like to, but I can't.

---

② 日本文に合うように，（　　）内に適当な英語を入れよう。

(1) (電話で)もしもし。

(**Hello**)?

(2) (電話で)こちらはメグです。

(**This**)(**is**) Meg.

(3) どうしたの。

(**What's**)(**up**)?

(4) 父はあいにく留守です。

Sorry, my father is (**out**) right now.

(5) また別の機会に。

Maybe some (**other**)(**time**).

❸ 日本文に合うように，（　　）内の語を並べかえよう。

(1) 私といっしょに買い物へ行きませんか。

(to / do / go / want / you) shopping with me?

__Do you want to go__ shopping with me?

(2) 行きたいのですが，できないのです。

(to / like / I'd), but I can't.

__I'd like to__, but I can't.

(3) かけ直します。

(call / back / I'll) later.

__I'll call back__ later.

❹ 英文の意味を表す日本語を完成させよう。

(1) Do you want him to call you back?

彼から（折り返し）お電話しますか。

(2) Sorry, but she's out right now.

あいにく彼女は（留守）です。

❺ 日本語の意味を表す英文を書こう。

(1) 来ることができますか。

__Can you come?__

(2) （電話で）クミをお願いします。

__May［Can］I speak to Kumi, please?__

「トラは強い」というときの冠詞

①<u>Tigers</u> are strong.

②<u>A tiger</u> is strong.

③<u>The tiger</u> is strong.

これら３つは全て「トラは強い」という意味である。しかし，主語の「トラ」の部分（下線部）の表現が違う。それではこの①②③には，どんな意味の違いがあるのだろうか。

①無冠詞＋複数

これは「トラ」という種類の動物全体をばくぜんとまとめている。

②a/an(不定冠詞)＋単数

これは「具体的な１頭のトラ」をサンプルとしてとりあげて，「強い」と説明していることになる。

③the(定冠詞)＋単数

これは「トラという動物」という意味で種類全体を表している。

このように冠詞のあるなしで，その意味は違ってくる。単にトラという種類の動物を総称して「強い」と言いたいときは，①を使うのが一般的である。